LA BARONNIE

DE

LA HUNAUDAYE

ET LES

ENVIRONS DU VAL-ANDRÉ

(Histoire, Légendes, Excursions)

PAR

UN ANCIEN RÉDACTEUR A LA CHANCELLERIE

(Ministère de la Justice)

LE VAL-ANDRÉ-PLÉNEUF

LIBRAIRIE LAVEUVE-PONY, ÉDITEUR

1894

DU MÊME AUTEUR :

OWEN. — *Pensées choisies*, traduites du latin, etc. — Simonet, Paris, 1880. (Edition épuisée).

Cet ouvrage a été admis par l'Académie à la Bibliothèque de l'Institut. — Lettre à l'Auteur de M. Camille Doucet, Secrétaire perpétuel (15 janvier 1881).

L'ARMÉE ET L'ARGENT. — *Histoire d'un dernier Privilége*. — Paris, Ghio, 1882. — (Tiré à petit nombre d'exemplaires, également épuisé),

HISTOIRE ET LÉGENDES 1952

Une partie de cette Étude, dont la reproduction est expressément interdite (1), a paru dans la « Revue de Bretagne et d'Anjou » (1889).

Beaucoup des documents cités sont inédits et les actes relevés sont à nos Archives.

Quelques coupures ayant été faites au texte primitif, des lacunes se seraient glissées sans une correction minutieuse des épreuves.

À la page 114 (Additions), les lignes suivantes ont échappé à notre dernier contrôle :

Le Guémadeuc et Bienassis avaient, comme le Vaucler, prérogative de haute justice. Les droits de foires, de marchés ou d'assemblées n'étaient pas leur privilège exclusif. Les moyens et bas-justiciers avaient également part à ces profits dans la limite de leurs juridictions.

1. Cette interdiction s'applique aussi à la traduction.

LA BARONNIE

DE

LA HUNAUDAYE

ET LES

Environs du Val-André

(Histoire, Légendes, Excursions)

PAR

UN ANCIEN RÉDACTEUR A LA CHANCELLERIE

(Ministère de la Justice)

———

LE VAL-ANDRÉ-PLÉNEUF
LIBRAIRIE LAVEUVE-PONY, Editeur

—

1894

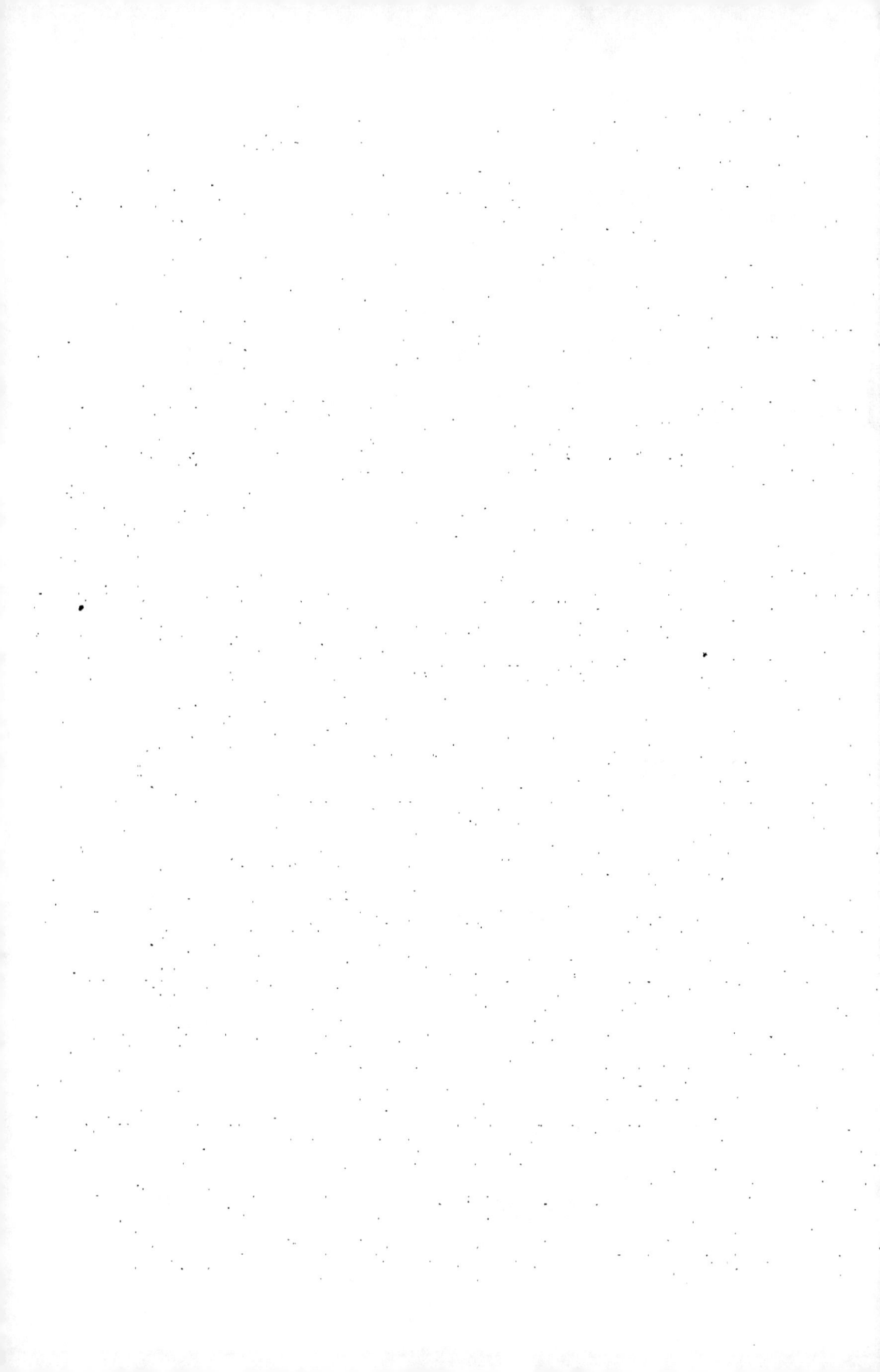

A VOL D'OISEAU

Ce petit livre comble une lacune, car le Val-
André si proche du Vauclair devait prendre sa
part de l'histoire d'une baronnie dont ce château,
ses terres et sa justice n'étaient qu'un démem-
brement

Si le Val-André n'eut pas alors de mention
spéciale, c'est que plage et village ne valaient
guère la peine qu'on s'en occupât.

En faisant, un moment, de l'histoire contemporaine, nous rappellerons le nom glorieux de
S. Exc. l'Amiral Charner, dont le superbe parc,
à quelques pas de la mer d'Amirauté, atteste le
succès d'une création qui n'a pas quarante ans
de date.

Et puis, comment oublierions-nous, dans nos
hommages aux bienfaiteurs du pays, M. Cotard,
l'éminent ingénieur auquel la Plage et les alen-

tours « qui en vivent » doivent leur existence et
le bien-être en résultant. Joignons à nos souvenirs de gratitude l'hospitalier Couvent et les
services qu'il rend à nos baigneurs (1).

Jadis, la fraction de grève entre les terres du
Guémadeuc et la mer s'appelait « Grève Saint-
Symphorien », du nom d'une chapelle dont une
croix indiquait naguère l'emplacement.

De même, mais depuis plus longtemps, a
disparu la *chapelle Saint-Michel*, située sur Verdelet. Cet édifice existait encore sous Louis XIV
ou Louis XV, époque présumée des vieilles cartes
marines dont nous avons été assez heureux pour
réunir la collection.

Dans ces cartes, Verdelet nous apparait plus
grand qu'il ne l'est de nos jours.

Par qui étaient desservies ces chapelles?

Les Annales locales ne nous l'ont point appris,
mais il est probable que si la chapelle Saint-Sym-
phorien, avec son Minihy, pieux et inviolable
asile, fut une fondation des seigneurs du Guémadeuc, la chapelle Saint-Michel était un oratoire
où les gardiens des pêcheries, moines et autres,
se réfugiaient ou priaient en attendant que la
marée en se retirant abandonnât les poissons,

1. La Communauté du Val-André reçoit des pension-
naires pendant la saison des bains.

une fois à sec les « écluses », comme on appelle ces barrages sur nos côtes armoricaines.

La Légende, qu'il ne faut pas toujours faire taire, veut que le sillon joignant l'îlot à la terre ait été l'œuvre des *Moines Rouges*. A cela, rien d'impossible, les Templiers ayant authentiquement marqué leurs pas dans le pays. *La Tour de Montbran*, prétend-on, aurait été bâtie par eux; d'autres, il est vrai, assurent qu'elle est l'œuvre des Romains, d'autres enfin vont jusqu'à la faire remonter aux Gaulois (*Mons Brenni*, mont du chef). Ce qui la ferait attribuer avec plus de probabilité aux moines, c'est la proximité, près l'enceinte de la ville de Montbran, de la Commanderie de la Caillibotière, membre de celle de la Guerche, dont la juridiction était au siège du Temple, en Pléboulle (Actes du 30 avril 1750 et du 27 mars 1762, passés devant les notaires des juridictions de Matignon, de la Motte-Collas et de ladite Commanderie) (1).

Quant à Pléneuf (*Plou* ou *Plé* peuple, *novus*, nouveau) (2), son histoire se confond avec le passé mémorable de ses trois châteaux : le Vauclair, le Guémadeuc et Bienassis.

Ce *Plé novus* tirerait son nom d'une colonie

1. Dossier Héliguen.
2. Deric. *Hist. ecclés de Bretagne*, Saint-Malo, Hovius 1779.

de *Juifs* auxquels un sire de Tournemine, seigneur de la Hunaudaye, aurait donné asile sur ses dépendances du Vauclair, au XIIIe ou XIVe siècle, mais nous n'avons aucun renseignement précis à ce sujet. Cependant la rue aux Juifs, qui parait être le noyau du vieux Pléneuf et la Ville ès Coquins qui en est comme le faubourg du côté de ce qui fut le « Cloître », ne nous permet pas de rejeter tout à fait cette tradition.

Non loin du point culminant de la falaise qui semble tendre à Verdelet (1), à jamais accaparé par la mer, un bras impuissant à le ressaisir; tout près de l'ancien télégraphe à signaux, les fouilles d'un savant magistrat (M. Fornier) ont mis à découvert les vestiges d'un télégraphe à feu, à triple foyer, qui, par d'ingénieuses combinaisons de lumière, devait mettre en communication Erquy, la « Reghinea » des Romains (prononcez *Regui*) et son poste avancé, le château Tanguy (*Tanquàm Reghineœ*), dominant l'une des deux extrémités de cette anse.

Protégée par la falaise du château Tanguy, la

1. Le rocher ou plutôt l'îlot du Verdelet doit son nom à l'apparence *verdelette* de son court gazon; ainsi Piégu *(pied aigu)* devait-il le sier, à la forme qu'il affectait; les travaux du quai, en faisant sauter le *petit Piégu*, ont anéanti ce qui en était comme le talon.

Ville Pichard (Villa *Piscatorum*, village des pêcheurs), mérite encore son nom.

De l'ancien télégraphe, la vue embrasse un vaste horizon, tant du côté de la terre jusqu'au Menez que sur la baie de Saint-Brieuc, jusqu'au fond de cette baie, vers Yffiniac, écrit dans les vieux actes *Y Finiacq* (Contrat de la Villepierre, en Hillion), ce qui nous indique son étymologie naturelle et incontestable quoique jadis contestée (*Hic finit aqua*, ici finit l'eau).

Nous ne mentionnerons que pour saluer le progrès de ses armements le port de Dahouët, dépendant de notre commune et dont la prospérité se trouve si intimement liée à celle du Val-André.

Dahouët relevait, non de la baronnie, mais de Penthièvre et s'orthographiait *d'Aouël* ou *d'Aouest* sur nos vieilles cartes; les vents d'ouest qui soufflent sans cesse sur cette côte lui auront fait donner ce nom.

Dominant le port, au haut de la côte rapide qui se prolonge vers Lamballe, la Ville-Hatte était, au XVᵉ siècle, la seigneurie des Héliguen, gentilshommes de Pléneuf et de Saint-Alban. (Vieilles Réformations, Bibliothèque municipale de Saint-Brieuc).

Au-delà de Dahouët, la Hunaudaye comptait,

parmi les démembrements de fiefs soumis à sa haute juridiction, des terres seigneuriales en Planguenoual, entre autres le manoir noble du Prédéro, dont la justice ressortissait du Hourmelin, ayant pour siège et lieu d'exercice le Chemin-Chaussé. (Dossier du Prédéro).

Les redevances féodales de la Hunaudaye n'étaient pas limitées à son seul territoire. Ainsi voyons-nous en 1693 (22 juin), la juridiction de Moncontour condamner, de ce chef, écuyer Jean de Cargouët, dame Catherine de Bonabry et le chevalier seigneur de la Villepierre à verser solidairement 29 livres 2 sols.

Nous avons déjà, à l'occasion de Verdelet, parlé des écluses ou pêcheries. Sur toutes nos côtes, ces « pescheries » constituaient des droits importants pour leurs possesseurs. A Pléneuf, la famille Denis se disait noble, comme vivant du noble métier de la mer (Vieilles Réformations). Et nous avons à nos archives de la Villepierre un bail de « pescheries aux mareyries d'Hillion » au prix de quatre livres tournois et un plat de poissons aux Rogations (1675).

Plus loin, sur la route de Saint-Brieuc dont les évêques étaient à la fois seigneurs temporels et spirituels, Yffiniac était désigné (16 octobre 1705) sous le nom flatteur de « ville et passage », et les notaires de la juridiction et baronnie d'Yffiniac constataient la comparution devant eux, à cette date, de messire François de la Villéon, chevalier de la Villepierre, « syndicq perpétuelle de ladite ville et passage ». (Dossier de la Villepierre).

Nous ne parlerons que très incidemment de Lamballe. Cette capitale de Penthièvre, voisine de la Hunaudaye, était sans cesse en guerre avec elle. Un accord intervint entre les belligérants qui convinrent de ne plus « s'escarmoucher » à l'avenir. On dit que les Moines de Saint-Aubin, mis à contribution par les deux partis, firent couler leur vin et leur cidre en l'honneur du *Pax vobiscum.* Ce que c'est que d'être..... état tampon !

Sans Notre-Dame, dont nous allons donner un court aperçu historique en renvoyant à la spécialité des Guides les détails archéologiques qui excèdent notre cadre déjà trop étendu ; à part son haras, dont la ville de Lamballe est justement fière, nous n'eussions pas franchi en sa faveur les frontières de la baronnie. N'en déplaise aux paroissiens de Saint-Jean, dont la tour octogonale est du xv⁰ siècle, mais dont l'église a été réparée sans goût, nous ne signalerons que son bénitier en marbre. Saint Martin

y est représenté à cheval au moment où il s
dépouille, en faveur d'un pauvre, de son propre
manteau. La succursale (xi° siècle) sous le vo
cable de ce saint et qui dépendait d'une antique
abbaye, se plaint d'avoir été dépouillée jadis d
son bénitier, comme saint Martin de son man
teau, saint Jean, affirme-t-elle, ne l'ayant pa
laissée libre de le lui refuser.

De même que Notre-Dame de Guingamp
Notre-Dame de Lamballe dut sa solidité et s
beauté à ces « associations d'ouvriers artistes
les *Lamballais*, véritables maîtres de la pierre
vive » (1), dont la réputation, dès le xiii° siècle,
était déjà répandue au loin. Remaniée à diverse
époques, depuis le xii° siècle, date de sa fon
dation, et relevée en partie, il y a environ
quarante ans, cette collégiale (monument histo
rique) était, à l'origine, la chapelle du château
dont les Promenades occupent la place. Elle
avait ses chanoines que leur simple rang de
chapelains n'astreignait pas au moins, comme
les chanoines de Saint-Brieuc, à la *Minutio
sanguinis*, c'est-à-dire à la saignée annuelle du
printemps.

Charles de Blois, de sainte mémoire, y porta

1. Ropartz. — *Guingamp et son Pèlerinage*.

processionnellement des reliques, tête nue et
pieds nus, et plusieurs princes de la maison
de Penthièvre y furent baptisés.

La tour quadrangulaire de Notre-Dame a
perdu, au siècle dernier, la flèche qui la sur-
montait et qui, plusieurs fois, avait été frappée
par la foudre. Il y avait aussi à l'intérieur de
l'église un jubé dont les restes ont été enlevés
vers le même temps ; il était en si mauvais état
qu'il menaçait la sécurité des paroissiens (1).

Si l'on n'y prend garde, une petite merveille,
le buffet d'orgue Renaissance, chef-d'œuvre de
sculpture et de boiserie, finira lui-même par
tomber en poussière.

Les armoiries de Lamballe étaient « d'azur à
trois gerbes d'or, 2 et 1 » et se rapportaient à sa
fertilité. Selon l'abbé Deric (2), cette fertilité
était telle qu'elle inspira le dicton : « Si la Bretagne est un œuf (prononcez œu), Penthièvre
en est le moyeu ». En revanche, ce pays était non
sans raison regardé comme malsain. Suivant le
même auteur, Lamballe aurait pour étymologie :
« *Lan*, pays et *bala*, marais ».

Les peintres de la « bonne ville » et de l'ex-

1. Quernest. — *Histoire de Lamballe.*
2. *Histoire ecclés de Bretagne.*

2

baronnie ont eu leur chef d'école, comme à Rome le grand art a eu ses maîtres. Avant le sergent des gardes-françaises, attiré chez nous par son lieutenant le marquis de La Moussaye, les châteaux enfumés de ce pays ne connaissaient point le secret du barbouillage, quand un pinceau trempé dans la fontaine de Jouvence vint en rajeunir les vieux murs.

Lasne était le nom de ce sergent qui devait, quelques années plus tard, être le gardien de Louis XVII, au Temple. Artiste de vocation, sinon de profession, il s'était, par son talent, fait une véritable renommée.

Il logeait à Lamballe chez un aubergiste qui s'appelait Delacroix. « C'était le beau temps, disait-il à M. de Beauchesne, à qui nous devons ces détails (1). Pour douze sous par jour, j'eus un logement convenable et une nourriture excellente ».

A douze sous par jour !... Quelque modeste que soient les prix de Lamballe, de la baronnie de la Hunaudaye, voire même du Val-André, ne comptez guère, touristes et baigneurs, sur une pareille aubaine

1. *Louis XVII*, tome 2, page 292. — Plon, Paris, 1868.

CHAPITRE Iᵉʳ

—·—

I

La Forêt de la Hunaudaye

A lire certain « *Guide* », dont nous ne préten-
dons point médire, puisque nous ne le nommons
pas, on ne serait guère édifié sur la Hunaudaye,
son château et sa forêt. Tout ce qu'on nous y
apprend, c'est que les ruines couvrent une superficie de 60 hectares et que cette forteresse,
bâtie en 1378 par Pierre de Tournemine, avait
la forme d'un pentagone irrégulier, flanqué d'une
tour cylindrique à chaque angle. Il est vrai que
l'on prend la peine de nous faire remarquer les
lierres et les ronces qui envahissent ces véné-
rables débris, en ajoutant que la forêt est peu-
plée de sangliers et de chevreuils.

Aux broussailles grimpantes et piquantes,
pare es ordinaires des ruines, nous tenterons

de substituer cette autre verdure, l'histoire, qui donne plus de vie aux vieux murs qu'elle ne leur en emprunte. Quant aux sangliers et aux chevreuils, nous ne chercherons ni à les affronter ni à les effaroucher.

Les bois de la Hunaudaye s'étendent entre Lamballe et Plancoët sur une superficie de plus de deux mille hectares. Cette forêt s'est appelée d'abord *Lanmur*, au XIII° siècle, et nous la voyons ainsi désignée dans un acte transactionnel, passé entre Pierre Mauclerc et *Olivier de Tournemine* qui, en 1214, et du consentement d'Alix, héritière de Bretagne, reçut en échange de biens maternels, plusieurs paroisses auxquelles le duc ajouta la possession de la forêt de Lamballe, autrement dite de *Lan-mur*.

Selon du Fail, elle aurait été connue jadis sous le nom de *Forêt Noire*.

Enfin, depuis plusieurs siècles, elle s'appelle la *Forêt de la Hunaudaye*.

La fraîcheur de ses ombrages sert, l'été, d'abri aux chevaux et aux vaches des riverains, qui s'y repaissent tout à leur aise. Ces animaux vaguent en liberté, une clochette au col, broutant l'herbe que les feuilles mortes engraissent de leurs couches fécondantes, et, le soir quand les bestiaux se rassemblent, le son de toutes ces clochettes est le seul bruit qui vienne, avec celui de quelque *Angelus* lointain, rompre le silence des solitudes de la forêt.

Si par hasard, le flair des chevaux, qui ne les trompe pas, vient à leur signaler le loup, l'instinct les réunit. Se groupant de façon à ne présenter que la ruade à l'ennemi, ils sont rarement surpris et ne succombent guère que lorsqu'ils sont isolés.

Malheur au cheval qui se laisse surprendre ! Un soir d'hiver, à l'heure où les arbres commencent à se confondre dans la même ombre, le châtelain du Vaumadeuc et son fils regagnaient leur logis quand tout à coup le galop d'un cheval, assourdi par la neige, les fit prêter l'oreille. Au même instant, un loup s'enfuit. Une barrière était fermée : évidemment le fauve s'apprêtait à profiter de l'obstacle en sautant à la gorge de l'animal trop épuisé pour le franchir.

Ouvrir, et il n'était que temps, fut l'affaire d'une seconde et le salut du cheval qu'un second loup poursuivait. Le coup manqué, le rabatteur mystifié n'eut plus qu'à rejoindre son complice : un hennissement, presque un râlement, tant il était faible, salua la délivrance.

C'est encore, et toujours la lutte en ces bois, mais on n'y dévalise plus, et ce n'est pas nous, au moins, qui en sommes les victimes. Sous ce rapport, Paris, la nuit, est loin de valoir la Hunaudaye.

Il n'en pas été toujours ainsi.

En 1355, une chasse au sanglier est donnée, à la Hunaudaye, en l'honneur de messire Eder de Beaumanoir. Eder, tout entier au plaisir de suivre la meute qui vient de lancer un solitaire, tombe, lâchement assassiné.

En 1384, un évêque de Saint-Brieuc est dévalisé en traversant la forêt.

Au temps où la reine Anne la traversa, la souveraine ne put elle-même se soustraire aux procédés de son « amé et féal cousyn », le sire de Tournemine, qui mit le comble à la galanterie en faisant arrêter sa suzeraine « qu'il venoit de festoyer ».

L'histoire de cette province est malheureusement pleine des exemples de ces hospitalités loyalement acceptées et transformées par les « féaux » eu traquenards, comme à l'Hermine et à Champtoceaux.

Revenant donc du château où « elle fust bien festoyée, Anne fut prinse prisonnière par les gardes des boys du dict messire et baron, car il dict avoir ce privilége que quelque personne passant par les dicts boys, sans son congé ou

licence, est à sa volonté de le confisquer corps
et biens (1) ».

La veille, le seigneur de la Hunaudaye avait
eu l'attention de déguiser en loups deux de ses
hommes et de les faire déposer aux pieds de la
reine une « biche enchaînée à son grand déplaisir
et malheur » (2). Sans doute était-ce une allusion
discrète à sa propre « prinse », méditée pour le
lendemain, par ces autres fauves que l'on appelait les gardes !

« Toutefois, le dict baron fut-il gracieux à la
dicte dame, en lui donnant sa ranson (3) ».

Il est vrai qu'Anne chevauchait à la tête de
ses grands seigneurs à travers la forêt, et que
si elle ne se fût prêtée de bonne grâce à l'im-
pertinent caprice de son vassal, les gardes des .
boys du très-haut et puissant messire eussent
fait piteuse contenance au moindre signe de la
souveraine de France et de Bretagne.

Non loin du château de la Hunaudaye, dont
les ruines sont en Plédéliac, tandis que le Vaumadeuc est en Pléven, ce manoir, encore habi-
table et habité, servait de rendez-vous de chasse
aux sires de la Hunaudaye. C'était le *Meyerling*

1. 2 et 3. Journal d'Olivier de la Roche. chapelain du
sire de la Hunaudaye.

de la baronnie, mais en plus petit, et sans que le moindre drame ait ensanglanté les pages de son histoire.

Il a toujours ses trois étangs et ses taillis que le sanglier visite à ses heures.

Sa façade n'a de remarquable que la porte d'entrée et des fenêtres Renaissance avec cordon de granit. A l'intérieur, son escalier en pierres de taille et ses superbes cheminées où flambent, l'hiver, de véritables troncs d'arbres, rappellent le XVIᵉ siècle et l'existence facile d'autrefois.

Sur la route qui mène de Pléven à Lamballe, à quelques kilomètres plus loin, et toujours dans la forêt, on aperçoit comme des logements de grande ferme. C'est ce qui reste de l'abbaye de Saint-Aubin-des-Bois, fondée en 1137 par Geoffroy Botherel, comte de Penthièvre et de Lamballe. Protégée au siècle suivant par Guillaume Pinchon (Saint Guillaume), évêque de Saint-Brieuc, qui obtint de Pierre Mauclerc une charte en sa faveur, elle échappa plus tard aux guerres de la Ligue, mais ses moines trouvèrent dans la garnison de la Hunaudaye un voisinage qui sentait son huguenot et dont on se fût bien passé. Etant de Penthièvre, non de la Hunaudaye, l'isolement du monastère au milieu de la forêt rendait plus redoutables encore les exigences de ces soudards. Cette partie de forêt a conservé le nom de *Bois de Saint-Aubin*. Au point de vue du chauffage, jamais moines ne furent mieux partagés. Leur jardin fournissait à leur frugalité d'abondants légumes et de succulents fruits. On a conservé dans le pays une espèce de vigne, dite de Saint-Aubin, dont le raisin est particulièrement savoureux.

Moins privilégiés sous ce rapport, à cause de leur proximité de la mer, les religieux de Saint-Jacut (autrefois *Saint-Jagu*) étaient, pour les poissons et les coquillages, plus avantageusement placés.

Les confrères des deux abbayes se visitaient souvent, ce qui leur permettait d'assaisonner leur vie d'un régime moins monotone.

Il y avait encore, à la Révolution, cinq moines à Saint-Aubin lorsque la persécution sanglante vint les frapper. Un seul se sauva, par la fenêtre.

Successivement, maison de retraite pour la vieillesse des prêtres du diocèse et maison de fous, l'ancien monastère a été en partie démoli quand les aliénés et les frères de Saint-Jean-de-Dieu qui les soignaient ont été transférés à Dinan, aux « *Bas-Fouins* ». On ne voit plus aujourd'hui de l'abbaye qu'un corps de logis

3

servant de magasin de bois et de logement de garde.

Le cartulaire de Saint-Aubin, très intéressant à fouiller comme mine historique, est à la préfecture des Côtes-du-Nord depuis le transfert à Saint-Brieuc des archives de Penthièvre.

II

Le Saint Esprit des Bois

De l'autre côté du château de la Hunaudaye, dans le voisinage de la forêt, le *Saint Esprit des Bois* était doté d'un Prieuré. Sa chapelle, que le dernier prieur fit ériger en succursale, continue à être desservie par le clergé de Plédéliac.

Le Saint Esprit a, de plus, sa fontaine miraculeuse où l'on se rend en pèlerinage. Je ne sais si on lui attribue encore la vertu de décoiffer sainte Catherine en faveur des filles qui boivent de son eau pour ne plus la coiffer. L'épingle qui attache et que la soupirante jetait dans la source

disait assez quel genre de soif l'amenait à son
eau fraiche.

Avant l'ère chrétienne, presque toutes nos
fontaines étaient consacrées aux dieux et demi-
dieux de l'Olympe. Pour mieux infiltrer dans
l'âme des néophytes, encore païens d'habitudes,
les idées du culte nouveau, les premiers mis-
sionnaires en Armorique substituèrent à Jupiter,
Mars, Hercule, etc., des noms de saints que ces
sources ont gardés (Abbé Deric).

Qui le Saint Esprit supplanta-t-il ici? Entre
Cupidon, dieu de l'amour, et Minerve, déesse de
la sagesse, il y a bien des patrons mythologiques
à placer.

Le dernier titulaire du prieuré, qui dépendait
de la Hunaudaye, était (avant la Révolution) le
fils du régisseur général de la baronnie, l'abbé
Minet « licencié de l'un et de l'autre droit ». En
outre des bénéfices attachés à cette situation,
son titulaire avait la « chapelainie de du Guesclin », c'est-à-dire qu'il profitait des avantages
d'une fondation pieuse du Connétable dans
l'église Saint-Sauveur de Dinan. Nous possédons
un intéressant règlement des dîmes, petite et
grande, de Saint-Mandé, auxquelles prenait part
notre chapelain. Il eut lieu, le 21 juin 1775, entre
lui d'une part et de l'autre messires de Kergu et

de Goyon, seigneur de Thaumatz, le prieur du prieuré « Royal » de Saint-Malo de Dinan, le prieur de Saint-Jacut et le recteur de Saint-Mandé.

Se référant à des actes antérieurs, notamment à une transaction passée, le 24 juin 1669, par devant maître de Lorgeril, notaire, entre écuyer de Goyon et noble et discret Vincent de la Touche, chanoine régulier, prieur recteur de Saint-Mandé, transaction qui sert de base au travail des arbitres, ceux-ci, choisis d'accord entre parties, concèdent au chapelain de du Guesclin un dix-huitième de la totalité des dîmes : « une gerbe sur dix-huit ». Parmi les arbitres, nous avons retenu le nom de noble maître Plesse de Saint-Mirel, avocat au Parlement.

L'abbé Minet cumulait les charges de prieur du Saint Esprit et de recteur de Plédéliac. Il jouissait enfin des privilèges réservés à l'une des chapelles de la cathédrale de Rennes. Le procès-verbal de prise de possession de la chapelle de Saint-André (14 août 1751), dressé par les notaires « apostoliques » (1) de cette ville, constate que les chanoines récalcitrants en avaient fermé les grilles; mais le père du jeune abbé, qui ne se

1. C'est-à-dire chargés de la rédaction des actes diocésains.

déconcertait pas pour si peu, car il était homme
de loi, passa la main entre lesdites grilles et dit :
j'y suis « *manu* » (1). Il n'ajouta pas « j'y reste »,
quoique, de fait, il y restât.

Un feuillet de la fabrique de Plédéliac contient
le compte de « Messire François Brunet, seigneur
du Guillier, trésorier bienveillant de ladite fabrique », rendu par procuration, au Saint Esprit,
à la date du 27 juillet 1758 « par devant Monseigneur l'Illustrissime et Révérendissime Evesque
et Seigneur de Saint-Brieuc » (2). Tous ces titres,
à sonorité pompeuse, moins en rapport avec
l'humilité divine du Christ qu'avec le clinquant
suranné des prélatures italiennes, n'empêchaient
pas Sa Seigneurie de dérider Sa Grandeur en
présidant, à certaine fête, au jeu de raquettes
que l'on appelait alors *cabaret*.

. . . .

Mon aïeul maternel — qui était de Plédéliac —
m'a conté, au sujet de la fontaine du Saint Esprit
et de ses épingles, que l'amoureux trouvé, la
fille promise, les choses n'allaient pas toutes
seules au moment des épousailles. Garçon d'honneur pendant un de ses congés d'étudiant, il ne
s'attendait pas au rôle laborieux qu'il aurait à

1 et 2. Ces actes sont à nos archives.

jouer, à peine arrivé de Paris dont le voyage, il
y a quatre-vingts ans, ne s'effectuait pas sans
quelque fatigue.

Du Saint Esprit à l'église paroissiale, il n'y a
pas loin et, précédé d'une vielle, le cortège s'a-
cheminait à pied du village où demeurait la
belle vers Plédéliac où l'on devait la marier,
quand, aux premières maisons du bourg, la fu-
ture se dégage du bras protecteur et, s'enfuyant,
reprend dans une course folle la route que l'on
venait de parcourir.

Ici commençait le rôle du personnage en vue,
rôle pénible, excessif, car il ne s'agissait de rien
moins que de rattraper la colombe envolée et de
la ramener au pigeon qui « l'espérait ».

Le garçon d'honneur, qu'il eût ou non du jarret
et de l'haleine, finissait toujours par triompher
dans cette lutte de vitesse ; les regrets du nid
suffisamment prouvés, la comédie cessait et la
tâche de notre étudiant redevenait joyeuse
sinécure.

CHAPITRE II

Le Château de la Hunaudaye

A la fin du siècle dernier, la vieille forteresse féodale mesurait encore la hauteur de ses épaisses murailles avec les chênes séculaires de la forêt. Elle inspirait le respect dû à la majesté de l'âge, après avoir fait régner la terreur. C'est qu'il avait fière apparence, ce château, avec ses ponts-levis, ses tours et ses remparts qui, la Révolution survenue, en faisaient pour la sécurité publique un danger permanent. Le laisser subsister eût été, en effet, conserver à l'insurrection une formidable retraite. En octobre 1793, le district de Lamballe prit à son sujet des mesures radicales et urgentes : on le brûla. On mit le feu au château à l'aide de ses vieilles tapisseries.

En 1785, la Hunaudaye était encore habitée par M. Minet de la Villepaye, avocat au Parlement de Rennes, dont nous avons déjà prononcé le nom en parlant du Saint Esprit et de son Prieur, lui-même « licencié en l'un et l'autre droit ».

C'était un savant éclairé, et ses notes ont été précieuses à l'historien de Bretagne, Dom Morice qui les a reproduites dans ses « Preuves ».

M. Minet était l'ami et le conseiller intime du comte de Rieux, héritier des seigneurs de cette baronnie, dont il avait la gérance générale.

C'est de ce château qu'il dirigeait les affaires de ce petit royaume, comprenant, en outre de la Hunaudaye, Plancoët, Montafilant, et toute la juridiction du Chemin-Chaussé, avec ses juges, ses procureurs fiscaux, ses greffiers et ses notaires.

Voici, écrite de la main du dernier habitant du château incendié, la description de ce qu'il était avant de devenir la proie des flammes :

« La Hunaudaye est un château composé de cinq tours grosses et moyennes qui forment un pentagone avec des bâtiments appliqués aux gros murs par le dedans de la cour. Il est situé aux confins du diocèse de Saint-Brieuc, du côté du levant, dans la paroisse de Plédéliac, à sept lieues de Saint-Brieuc, trois petites de Lamballe, deux de Plancoët, une et demie de Jugon, et cinq de Dinan.

« Ce château n'est que d'une moyenne antiquité, puisqu'il est prouvé qu'il n'existoit point encore en 1214. Il paraît avoir été commencé incontinent après cette époque, mais tout prouve qu'il ne fut pas l'ouvrage d'un seul siècle. En voici l'origine :

« M. de Sainte-Foix, historiographe de l'ordre du Saint-Esprit, a la preuve que Roland de Rieux, qui vivait en 1140, avait épousé Adelie de Penthièvre, princesse d'une singulière beauté, et dont il eut postérité (Mémoire imprimé pour le comte de Rieux contre la maison de Rohan).

« Il est très certain que Tournemine, père ou ayeul d'Olivier, passa d'Angleterre en Armorique avec une suite digne d'un grand personnage. (*Je l'ai communiqué à dom Morice qui l'a employé dans ses* Preuves).

« L'endroit où est situé le château de la Hunaudaye étoit alors place nue, un marécage. Je ne devinerais pas quelle a pu être l'origine de son nom (car son fondateur n'avait point nom *Hunaud* ni aucun de ses descendants), si je ne voyais qu'un hameau qui n'en est qu'à une bonne portée de fusil à balle, aujourd'hui nommé le village

Saint-Jean, à cause d'une chapelle sous l'invo-
cation du saint qui y subsiste d'ancienneté, ne
s'appeloit encore il n'y a pas deux cents ans, la
Ville de la Hunaudaye.

« Il s'y tenoit tous les ans plusieurs foires. Il
y avait marché tous les lundis, auditoire et au-
dience les mêmes jours. Il paraît que la chapelle
étoit jadis succursale, et la grande quantité
d'ossements qui se sont trouvés jusques sous
ses murailles, en la réédifiant, en serait la
preuve. Bref, selon les apparences, l'état où ce
lieu étoit alors porta le nouveau seigneur à en
donner le nom au château qu'il fit commencer.

« Ce château étoit redoutable avant l'usage
du canon. Il l'étoit encore au temps de la Ligue,
où il tenoit pour le Roi, et où il eut toujours une
compagnie de deux cents hommes à pied qui
faisoit tête à la garnison de Lamballe qui tenoit
pour le duc de Mercœur. Les détachements se
cherchaient et se rencontraient journellement,
ce qui faisoit perdre beaucoup de sang, sans
que cela aboutit à rien. Enfin ils en vinrent à se
respecter et firent un traité en forme de trève,
par lequel il fut dit que chacun garderoit sa
place sans se guerroyer : ce qui fut exécuté ».

Ajoutons que chacune des tours avait un escalier de granit. La tour du midi, l'une des plus

remarquables, contient un escalier Renaissance d'un travail délicat. En outre de cet escalier, une cheminée de la même époque; enfin les armoiries de la maison de Tournemine de la Hunaudaye « Ecartelé d'or et d'azur », encore très visibles sur une des consoles des machicoulis de la façade est du château.

Dans un étroit réduit, à peine accessible à la lumière du jour, et que l'on ne manquera pas de vous faire visiter, une figure tracée sur la dure pierre du sombre cachot est l'empreinte laissée par la main d'un prisonnier.

En 1781, la Hunaudaye était considérée comme forteresse, et une lettre de M. Minet au comte de Rieux en date du 17 décembre de cette même année, en donne pour preuve le devoir de « guet et de garde » qui subsiste toujours pour les vassaux de la baronnie :

« Pour ce qui est de la Hunaudaye, ce qui est dans les paroisses de Plédeliac et de Pléven ne saurait être vendu séparément du château sans déshonorer absolument cette réserve. Si vous en ôtez les rentes féodales, vous ne faites du château qu'une espèce de métayrie à qui il ne restera que du domaine. En perdant les fiefs, il perdra la seigneurie de deux paroisses, l'une dans laquelle il est, l'autre sur le bord de laquelle il est. Il y a même des rentes comme celles de *guet et de garde qui ne conviennent qu'au château, à raison de ce qu'il est forteresse où les habitants des deux paroisses étaient tenus à venir monter la garde »*.

En 1505, le château de la Hunaudaye eut l'insigne honneur de recevoir la visite de la reine Anne, duchesse de Bretagne, que nous avons vue au passage de la forêt, alors qu'elle revenait de « festoyer » chez son *féal* et *amé* cousin, arrêtée par les gardes des « boys » de messire le baron.

« Ce fust le jeudi d'après la feste de l'Apostre sainct Jacques, l'an de l'Incarnation mil cinq cens cinq, le sire de la Hunaudaye estant à chevaucher par les environs, voilà qu'un escuyer richement accoustré, requist l'entrée du chasteau. Puis, le dict sire estant revenu au soir, présenta à lui le dict escuyer lettre fort bien scellée. Et la dicte lettre estoit de la très crestienne roine Anne, duchesse de Bretagne, et à lui disoit qu'icelle voulant visiter son très chier cousin, elle avoit voulu avertir lui en l'avance.

« Et le mardi ensuivant, à l'heure des vespres, hommes d'armes estant au haut des tours, tout d'un coup fut veu par eux grande troupe venant vers le chasteau, et le sus dict escuyer ayant

recogneu la Royne cheminant vénérablement q
la dicte troupe en advertit en grande haste le
sire de la Hunaudaye, et sitôt le dict seigneur
assemblant ses gens, baisser fit le pont-levis, et
s'estant rendu sur icelui, il attendit sa souveraine dame. Et la dicte dame montée sur une
blanche haquenée, estoit accompagnée du sire
de Rohan et de essaims de damoiselles conve-
nablement estoffées. Et par après marchoient
foule de gros seigneurs, varlets et gens d'armes
vestus de hoquetons rouges.

« Et estant descendu sur le dict pont, le sire
de la Hunaudaye faisant humble salutation : « Ma
souveraine dame, vous plaist sçavoir que suis
confus de l'honneur que vous me faictes, car j'à
m'avez tant comblé que je vois avecq grand
déplaisir de ne pouvoir acquitter ma debte ;
vous suppliant humblement de croire que je
vouloir toujours obéir à vous, à mon pouvoir,
et suppliant le ciel de vous donner une vie longue, et ce pour le bonheur de la Bretaigne et du
Roy Loys ».

« Et la Roine gracieusement respondit : « Mon
cousin say bien que vous estez ung dévoué et
fidèle subjet ; aussi viens visiter vous qui avez
toujours bataillé pour moi quand estois embe-
soignée ».

« Lors, la dicte Anne s'avançant avec le dict seigneur, sonnèrent hautement les trompettes, et sonna aussi l'horloge en manière de réjouissance : ainsi se rendit la Roine en son logis, et chascun l'admiroit à part soi, car estoit belle, estant dans sa vingt-neuvième année et pour lors espouse du bon Roi très chrétien Loys le douzième.

« Le soir, estant proche et ayant chevauché la Roine à travers la forest, trouva au chasteau la dicte Roine tables dressées en la Cour, et varlets tout à l'entour tenant flambeaux pour éclairer. Lors, la Roine richement accoustrée fut mise sur ung siège élevé, ayant escuyers à cheval et eschansons la servant avec grande révérence. Et la susdite table estoit couverte de vases, coupes d'or et d'argent, ayant vin fort bon jusqu'aux bords. Et en plus fust couverte par IV fois XXXVI plats contenant viandes en abondance : entr'autres, à la quatrième fois, fust apporté en grande vénération par VIII escuyers, veau entier tenant lui sur ses jambes par artifice, bien assaisonné dans le dedans, et ayant pommes d'orange dans la bouche. Et quant parcut le dict plat, trompettes sonnèrent si hautement que sembloient vouloir les tours en branler. En voyant le dict veau, la compagnie fust tout esjouie et un chascun voulut en avoir sa part (Journal d'Olivier de la Roche).

Ce repas pantagruélique que le curé de Meudon ne désavouerait pas et dont nous croirions le récit détaché de l'un de ses chapitres si Olivier de la Roche ne l'avait signé; cette profusion de plats, de varlets, d'escuyers et d'échansons sont bien de leur temps, et à voir le soin du chapelain de la Hunaudaye à décrire « la joye » de l'assistance à l'apparition de ce veau rôti faisant son entrée triomphale sur ses quatre pattes et sur les épaules de VIII varlets, gais croque-morts d'un appétissant convoi, on devine la complaisance de Rabelais à envoyer le carême au diable.

C'est que c'était toute une affaire pour ces estomacs de condescendre à la sévère abstinence d'autrefois, surtout quand on n'avait pas comme « Messire » la ressource des « poissons royaulx » des « pescheries » de ses côtes et des succulentes perches de l'Arguenon. Au fond, on n'était pas plus dévot qu'aujourd'hui, mais la menace de la potence (1) s'en mêlait et mettait un frein légal aux instincts carnivores.

1. En 1590, le Parlement de Bretagne défend, *sous peine d'être pendu*, de manger de la viande pendant le carême.

. . . .

M. Minet, dont nous venons de constater les incertitudes, au sujet de la Hunaudaye, aurait pu, nous semble-t-il, mieux s'expliquer son origine.

Les dangers que l'on courait à pénétrer dans ces bois avaient rendu ce lieu si redoutable que ce n'était pas à qui s'y aventurât.

De là : « *Huc non audet* ». Il n'ose venir jusqu'ici (1).

1. Les ruines de la Hunaudaye sont aujourd'hui la propriété de la famille de Talhouët.

CHAPITRE III

——✦——

I

Le Souterrain de la Hunaudaye à Notre-Dame de Lamballe. — La Pie Margot et sa légende.

Suivant la légende, la Hunaudaye communiquait avec l'église Notre-Dame de Lamballe par un souterrain, ouvrage des Fées ayant à leur tête la fée Margot.

« La meilleure preuve, c'est que les galeries du chœur conduisent dans la *chambre à Margot*, comble du côté nord de cette église, justement au-dessus de la porte du souterrain, et qu'on voyait encore, ces dernières années, sa quenouille pétrifiée dans un coin de la chambre. Tous les trésors de Margot sont dans ce souterrain : il y a des monceaux de pièces de six francs.

5

« Si les prêtres parvenaient jusqu'au tas d'argent qui est maintenant gardé par un suppôt du diable, il leur suffirait d'y jeter quelques gouttes d'eau bénite, et le trésor appartiendrait à l'église. Ils ont bien essayé à diverses reprises; la dernière fois, il n'y a pas plus de cent ans; mais c'est impossible. Ils étaient entrés dans le souterrain avec la croix, la bannière, chacun portant un cierge bénit à la main pour éclairer la route, le recteur ayant ses étoles et un goupillon; mais avant d'avoir fait cent pas, ils virent une nuée de *guibelles* (ou cousins) voltigeant autour de la flamme des cierges et s'y brûlant en si grand nombre qu'elles finirent par tout éteindre. La procession eut bien de la peine à sortir du souterrain. Depuis, on a condamné la porte et défendu d'y entrer ».

M. Paul Sébillot, qui nous conte cette légende, la continue par le récit de ce qui advint à la Fée Margot au tertre du *Caliguel*, d'où les fées tiraient leurs matériaux pour la tour de Notre-Dame :

« Elle laissa choir, de surprise, sa *devantelée* (charge d'un tablier ou *devantière*), à minuit en passant sur le Tertre, quand elle aperçut au clair de la lune, à ses pieds, un objet inconnu, avec des reflets blanc et noir, ce qui l'effraya. Ce fut avec de grandes précautions qu'elle le ramassa, et, oubliant ses pierres, elle l'apporta jusqu'à Lamballe pour le montrer à ses sœurs.

.... « Les sœurs ne connaissaient pas davantage l'objet trouvé sur le tertre de Caliguet. En toute hâte elle se dirigea vers Cesson (1), pour consulter les autres sœurs qui bâtissaient là et auxquelles Margot n'avait porté qu'une devantelée de pierres. Elles y trouvèrent la fée qui dirigeait les travaux ; mais ces bonnes fées ne bâtissant pas comme nous, la tour était à ce moment dans l'état où nous la voyons aujourd'hui. La fée-ingénieur, plus savante, par conséquent, que les ouvrières, reconnut immédiatement le cadavre d'une *pie*. Il s'ensuivit une longue explication sur la vie et la mort ; cette nuit-là les fées apprirent qu'elles devaient mourir ni plus ni moins que la pie du Caliguet (2).

« Cessons ! Cessons ! » auraient dit les fées en songeant à l'éternité et à leur destinée mortelle à laquelle le cadavre de la pie Margot les aurait rappelées.

Quant à la Fée Margot dont nous n'avons pu

1. La Tour de Cesson, près Saint-Brieuc.
2. Société d'Emulation des Côtes-du-Nord. — *Légendes locales de la Haute-Bretagne*, par Paul Sébillot. — Tome XXIV. — (1886), p. 228, 229, 230 et 231. — Saint-Brieuc, Francisque Guyon.

visiter la chambre, puisque les cierges s'y étei-
gnent, elle a laissé assez de souvenirs pour que
son nom, évoqué à l'occasion du souterrain,
nous ramène à Marguerite de Clisson dont la
vie paraît merveilleusement s'adapter au *blanc*
et *noir* de la *pie Margot*, son historique symbole.

Margot avait longtemps habité, en dame et
maîtresse, le château de Moncontour. En 1387,
elle s'y était mariée à Jean de Penthièvre, fils
de Charles de Blois, dont Notre-Dame avait été
la chapelle comtale.

Image de la pie qui sautille comme une boi-
teuse, Marguerite boitait à la suite d'un coup de
pied que son père indigné, le connétable de
Clisson, n'avait pu s'empêcher de lui donner,
et qui lui avait brisé la jambe. A la mort du duc
de Bretagne, n'avait-elle pas demandé à son
père de faire périr les enfants de ce prince afin
de faire passer sur la tête des siens l'héritage
de la province ;

— « Ah! cruelle, fit le Connétable, si tu vis
longuement, tu seras cause de détruire tes enfants d'honneur et de biens ». —

Il l'eût tuée, ajoute Dom Morice (1), si Margot
ne se fût sauvée.

1. *Histoire civile et ecclésiastique de Bretagne*, Tome I, p. 128.

Marguerite, malheureusement, ne réalisa que trop la funeste prophétie paternelle. Sans parler des sergents de Moncontour qu'elle fit injustement mettre à mort, elle se souilla de tant de crimes qu'elle « détruisit, en vivant longuement, ses enfants d'honneur », si elle ne les « détruisit pas de biens ».

Voici pour la *noirceur*.

C'était alors une religieuse coutume, pour ces âmes bouleversées par le remords, de consacrer la dernière période de la vie à expier par des fondations pieuses les méfaits de la première. Ce fut le repentir qui inspira la fille de Clisson dans tout ce qu'elle entreprit de chapelles et d'églises. Le diable devenu vieux... se fit ermite.

« N'est-il pas étonnant, dit le regretté M. Lamare au sujet de Notre-Dame de la Fontaine, le gracieux sanctuaire attribué à Margot, que le nom de cette princesse qui rappelle tant d'actes audacieux et coupables, soit aussi attaché à plusieurs des plus gracieux monuments de l'art chrétien, au XVe siècle? (1) ».

1. Lamare. — *Histoire de Saint-Brieuc.* — Société d'Émulation des Côtes-du-Nord. — Tome XXII (1884), p. 45. — Saint-Brieuc, Francisque Guyon.

Comme curiosités de Saint-Brieuc, en outre de la Fontaine Notre-Dame, nous signalons la Cathédrale (Monum.

Voilà pour la *blancheur*.

La Margot est restée le nom vulgaire de la pie. L'oiseau noir et blanc de Moncontour ou du Tertre du Caliguet, qui en est voisin, ajoute le symbole et la légende à la renommée si peu flatteuse, au point de vue de la probité, de la *pie voleuse*.

II

La « Police » de Lamballe.

Le suppôt du diable, pour garder les trésors de Margot, a donc trouvé un moyen infaillible de se passer de la police et de la gendarmerie. Les « *guibelles* », en voltigeant sans cesse autour des cierges qu'elles finissent par éteindre, ne permettent pas de découvrir les monceaux de pièces de six livres.

hist.), l'hôtel de Rohan, d'anciennes maisons (xvi⁰ siècle) avec sculptures en bois, rue Saint-Jacques, le vieux quartier Fardel, et aux environs, en Langueux, la Colonie de Saint-Ilan, fondée en 1843.

A tort ou à raison, sans raison sérieuse (nous allons le prouver), la police de Lamballe est en mauvais renom. Quelque délicat qu'en soit le récit, l'histoire en est drôle et nous allons essayer de vous la raconter.

C'était pendant une réunion de délégués municipaux, au temps où florissait le culte de la Raison. Le Conseil se tenait en la ci-devant église de Notre-Dame, ses membres siégeant autour d'une table, entre les piliers qui soutiennent la tour, juste au-dessous du *Père Éternel*. Une trappe, à l'image peinte de Dieu le Père, lui avait fait donner ce nom. C'était de cette trappe qu'à la fête de la Pentecôte tombaient des étoupes enflammées, figurant, aux yeux des fidèles, les langues de feu descendant sur les Apôtres.

Ce jour-là, en pleine délibération, tomba sur la table. . . . . . , ce n'était ni de l'étoupe, ni du feu, mais du liquide bientôt suivi de quelque chose. C'était. . . . . . infect !

Il n'y avait pas à en douter : du « Père Éternel » venait l'affront, et l'insulteur était là-haut.

Vite à l'escalier de la tour, les plus agiles en gravissent les marches pendant que le facétieux et son compagnon, car le coupable avait un complice, sautaient de poutres en poutres et se dérobaient si bien aux recherches qu'on ne les put attraper.

— Que va nous faire la Police, si nous sommes pris? fit l'un des délinquants.

— Je me f...... de la *Police de Lamballe*, répliqua l'autre.

On appelait alors, en cette ville, « Police » ce que nous nommons Municipalité.

Lorque vous entendrez ainsi que nous l'avons entendu, à cent lieues de l'ex-capitale de Penthièvre : « Je me f...... de cela comme de la Police de Lamballe », vous saurez ce que cela veut dire.

Je tiens l'histoire d'un grave Notaire.

Dont acte.

CHAPITRE IV

——————

Erection de la Hunaudaye en Baronnie.
Ses charges et ses prérogatives.

En 1451, aux Etats de Bretagne, commencèrent ces disputes de *préséance* qui ne sont pas près de finir. Pierre II, en réduisant à neuf le nombre de ses barons, trouvait par là moyen de « donner du relief aux uns en abaissant les autres ».

Et Lobineau ajoute à cet égard : « *Aussi n'est-ce pas sans raison qu'on accuse le Prince d'avoir jetté la pomme de discorde entre les seigneurs, en croyant y mettre de l'ordre, de la décence et de la splendeur (1)* ».

Le duc Pierre était bien le plus cupide et le

1. Lobineau. — *Traité des Barons*, note 3.

plus injuste des hommes. C'était lui, en effet,
qui s'était joué de cette malheureuse Françoise
de Dinan, veuve de Gilles de Bretagne « à peine
âgée de treize ans », à la mort de son mari, en
favorisant son mariage avec le comte de Laval auquel il reconnut la qualité de tuteur de sa jeune
épouse. En vertu d'une transaction « ouvrage
d'imposture et d'injustice la plus criante (1) », on
supposait, au *moyen d'un faux*, que Françoise
avait fait don à Gilles de tous ses biens, et, grâce
à ce faux, cette transaction permettait, en cas de
mort de sa belle-sœur, au duc Pierre, de rentrer
en possession de ces mêmes biens dont elle lui
consentait retour si elle ne laissait pas d'enfants.
Non content de ces avantages, le Prince exigeait
de Laval la restitution de « quelques maisons
qu'il avait à Vannes (2) ».

Après contestations sur contestations, aux
Etats de Vannes de 1451, voici l'ordre suivi dans
les prééminences :

« Le vicomte de Rohan prit la première place
dans le banc des barons ;

« Après lui se placèrent François de Rieux,
sire d'Ancenis, Jean de Derval, etc...

..... « A la droite du duc, après les comtes de

Richemont et de Laval étaient les évêques, et à la tête de tous, Raoul de La Moussaye, évêque de Dol », alternant, en vertu d'un accord, avec l'évêque de Rennes, sauf décision ultérieure et définitive du duc. Car, ce n'était pas petite affaire non plus, en matière de préséances, de régler les prétentions du clergé (1).

Venaient ensuite les prieurs, les députés des chapitres et des 23 *bonnes villes* : Rennes, Nantes, Saint-Malo, Dol, Vannes, Quimper, St-Brieuc, Saint-Pol-de-Léon, Hennebont, Morlaix, Guérande, Guingamp, Quimperlé, Vitré, Monfort, Malestroit, Josselin, Fougères, Dinan, Lamballe, Tréguier, Redon, Ploërmel.

Une chicane s'élevait entre les bannerets : le sire de Quintin s'intitulait *premier* banneret, ce que le sire de Rieux lui contestait, prétendant que le jour où il donnerait à l'un de ses fils la baronnie de Rochefort, il entendait bien qu'on lui conservât le pas sur Quintin. Le duc employa sa méthode ordinaire pour trancher la dispute, c'est-à-dire qu'il promit de faire jus-

1. Il n'y eut pas jusqu'à une abbesse qui ne disputât le pas à un abbé de Rennes. Peu galants, les abbés bretons ! Le caractère sacerdotal l'emporta ; la robe du prêtre prima la robe de la femme.

tice à chacun en son temps (1) ». Ce système conciliateur équivaut à un déni de justice, comme le fait justement remarquer dom Morice, en faisant observer aussi *« qu'il est triste de voir les assemblées les plus respectables perdre de vue le bien public, qui doit être l'unique objet de leurs délibérations, et perdre en vaines pointilleries un temps consacré à la discussion des plus grandes affaires de l'État (2) »*,

On croirait lire une des pages que l'historien de nos assemblées contemporaines écrira lorsqu'il ne sera plus temps de regretter nos vaines querelles au milieu des complications les plus redoutables.

Mais que devenait, au milieu de toutes ces discussions, le sire de la Hunaudaye?

Parmi les « bannerets, chevaliers, écuyers et seigneurs de bannière, le premier appelé fut *La Hunaudaye* (3).

Les résultats de cette assemblée, à laquelle la vanité semble avoir préludé, ne furent cependant pas stériles. Entre autres décisions prises, l'une d'elles était appelée à favoriser l'industrie en Bretagne : « Les teinturiers, tisserands, brodeurs, bonnetiers et autres artisans, chassés de

1, 2 et 3. Dom Morice. — Tome II, Livre XI, pages 13 et 15.

Normandie par la guerre, furent, sur la prière
des habitants et du chapitre de Vannes, où ils
s'étaient réfugiés, exemptés de tous fouages,
tailles, et autres impositions, et cela pendant
leur vie seulement (1) ».

A partir de ce moment, les fameuses *toiles de
Bretagne* ont commencé à être avantageusement
connues, et ce n'est pas une mince gloire pour
la Normandie que d'avoir procuré à la Bretagne,
en échange de son hospitalité, un de ses métiers
les plus en renom et dont elle sut, d'ailleurs, si
bien tirer parti.

En cette session, qu'à elle seule, l'érection au
rang de banneret de Madeuc, sire de Guémadeuc,
ne suffirait pas à rendre mémorable, on fixa la
mesure de la lieue à 2880 pas géométriques de
cinq pieds chacun. C'était celle que le président
de l'Hôpital avait fait admettre en France, et
ceci prouve que la Bretagne, dès le xvᵉ siècle,
n'était pas réfractaire aux tendances à l'unité
des mesures.

Nous avons la bonne fortune de posséder le
Mémoire imprimé par lequel le comte de Rieux
fit valoir, en 1710, les *lettres-patentes* obtenues
par lui pour la conservation des Droits et Privi-

1. Dom Morice. — Tome II, Livre XI, page 15.

lèges de l'ancienne « *baronnie de la Hunau-daye* (1) ».

Ce mémoire établit d'abord que la Hunaudaye était l'une des antiques *bannières* de Bretagne, lorsque, par lettres-patentes données à Nantes le 6 septembre 1487, il plut au duc François II d'ériger cette terre en baronnie.

L'acte imprimé du souverain de Bretagne nous donne tous les titres que prenait alors le prince breton :

« François, par la grâce de Dieu, duc de Bretagne, comte de Monfort, de Richemont, d'Estampes et de Vertus ».

Puis, il énumère les distinctions honorifiques que, pour « l'augmentation de sa principauté, seigneurye, et de la *chose publicque* d'icelle », il lui convient de créer ; « barons, banneretz, bacheliers et chevaliers, pour assister avecq Lui à ses Etats et Parlements Généraulx ». Il se réserve également « si le deffault des dits grans personnages resquis en ce que dessus se trouve ou peut trouver », de « créer et augmenter ès dictes seigneuryes et dignitez ceux que cognoissant qui le vallent ».

1. *Mémoire au sujet des lettres-patentes obtenues par Monsieur le comte de Rieux pour la conservation des droits et privilèges de l'ancienne baronnie de la Hunaudaye. -- Rennes, Vatar, 1710.*

Les « seigneuryes réduictes », ou plutôt réunies à la couronne de Bretagne, sont :

1º La baronnie de la vicomté de Léon ;

2º Celle de Fougères.

D'autres sont « vraysemblablement disposées à y tourner et escheoir ». savoir :

« 1º La baronye de Quintin, en la main de son très cher et très amé cousin et féal Françoys de Laval, sieur et baron de la Roche-Bernard ;

« 2º Les baronyes de Chasteaubriand, de Malestroit et de Derval, ès mains de son très honoré et très amé cousin et féal Françoys de Laval, sieur de Montaffilant, et de sa très chère et très amée cousinne et féalle Françoise de Rieux, sa compaigne ».

Le duc revient encore sur l'avantage, résultant pour la « chose publique », de s'entourer d'une noblesse puissante, et ajoute à la nomenclature des seigneurs déjà produite, les « prélatz » qu'il place en tête des « dignitez ».

« Prélatz, barons, banneretz, bachelliers, chevaliers et escuyers ».

En Bretagne, la *possession des terres*, toutes les fois qu'il s'agissait de *titre*, était la principale question.

Suivant Ruffelet (*Annales briochines*), « chez les

anciens bretons, *on devenait noble à mesure qu'on devenait riche* ».

D'après cet auteur, les chevaliers étaient, en ce pays, en nombre d'autant plus grand « que *les aînés avaient le droit de démembrer leurs fiefs en faveur de leurs cadets, et les puinés avaient, dans la partie démembrée, telle et semblable justice que l'aîné* ». C'est ainsi que l'on s'explique le nombre considérable, vu la petitesse des fiefs, des hautes, moyennes et basses justices de Bretagne. De même enfin tel seigneur devait, au cas de guerre, *un quart, un tiers, une moitié de chevalier* à son suzerain.

« L'homme qui tient en parage, dit le duc Jean II, dans son Ordonnance de 1301, tient aussi noblement et aussi gentilement comme celui de qui il tient et a autant de justice (1) ».

« Tous ceux qui voudront bien examiner les choses sans prévention, écrivait d'Argentré, conviendront *qu'on ne connut jamais en Bretagne ni titre, ni brevet, et que les qualités réelles y sont attachées aux terres et non aux noms* ».

C'est un préjugé, répandu parmi les profanes, de jauger la noblesse au *titre* et point au nom. Beaucoup de ces titres sont plumes de paon

1. Ruffelet. — *Annales briochines*.

pour les geais qui les portent, d'autres sont
conférés, on ne sait pourquoi ni comment,
par l'étranger; d'autres enfin, attachés en prin-
cipe à la personne ou à la fonction, ont, en
dépit des règles de leur création, passé à la
postérité, pépinière de comtes et de barons
d'autant plus dédaigneux des traditions qu'ils
sont peu fiers en général de remonter au-delà
de l'Evêque leur grand oncle ou du magistrat
leur bisaïeul dont, légalement, l'aîné seul aurait
droit à la couronne, et encore..... au cas d'une
confirmation ou d'une collation de titre. (Circu-
laire de M. le Garde des Sceaux, 22 juillet 1874).

Sous l'ancien Régime, était « noble homme »
quiconque, possédant une seigneurie, c'est-à-
dire ce que nous appellerions une ferme, pouvait,
au moyen de la *particule* ajouter ce nom de terre
à son nom patronymique. Quant à la noblesse,
elle existait indépendamment de cette particule.
Et ce qui, en outre de la qualification de « Messire », distinguait le gentilhomme du noble
homme, c'était l'adjonction, pour le premier,
de la qualité « d'écuyer » ou de « chevalier »,
interdite au second. Mais la foule qui n'y regarde
pas de si près confond avec l'aristocratie vraie
ceux qui en sont et ceux qui, n'en étant pas,
ont fini par croire eux-mêmes à leur métamor-

7

phose. Complète elle est, cette métamorphose,
quand, au tarif modéré des droits de sceau,
« l'addition de nom », gracieusement octroyée
par la Chancellerie, crée l'illusion d'une noblesse
équivalant en réalité à celle des « nobles gens ».

Si nous avons généralisé cette question, c'est
à cause du prestige si tenace, au sein de notre
démocratie incohérente, des noms et des titres
que les juifs, pratiques avant tout, leur con-
sacrent leur or et leurs filles, et puis, n'avions-
nous pas à faire ressortir la différence qu'il y a
entre cette aristocratie, purement de *brevet* et les
titres essentiellement transmissibles (1).

Notre disgression sur ces sortes de titres en

1. Si l'auteur, ancien Rédacteur au Bureau du Sceau,
traite ainsi, et à bon escient, les nombreux abus de la particule et du nom, c'est qu'il ne doit rien aux complaisances de
l'Etat-civil, pas plus qu'il n'obéit à de vaniteuses fantaisies.
Les pièces du dossier de M. le Comte de Chalus établis-
sent, sans discussion possible, son antique origine. Le
titre de *Comte* qu'il porte et que n'a cessé de porter la branche
dont il est devenu l'aîné reposait, dès 1637, sur la seigneurie
deux fois séculaire des paroisses de Saint-Hilaire des
Landes, de Bourgneuf-La Forêt et la Baconnière (Maine),
dont ses ancêtres étaient hauts-justiciers. Toutes ces pièces,
*visées par les Commissaires du Roy, en 1669, sont appuyées de preuves
authentiques de filiation :* avant de mourir, en 1893, le dernier
survivant de sa branche, au Maine, a tenu à en transmettre
à son cousin le précieux dépôt. — Souvent il en faut moins
pour se dire Comte, en notre bon pays.   (*Note de l'Editeur*).

Bretagne nous a paru nécessaire pour souligner, dans l'érection en baronnie de la *Bannière de la Hunaudaye*, l'importance attachée par les ducs de Bretagne à ne titrer que les seigneurs pouvant, par leurs richesses autant que par leur valeur personnelle, concourir au bien de l'État en ajoutant à l'éclat de leurs hautes actions l'appoint de leur fortune et l'appui de leurs vassaux.

Les lettres-patentes de François II contiennent tout un long exposé des mérites du sire de la Hunaudaye dont la fidélité envers son duc est restée inébranlable :

« Singulièrement, cette présente année, le roy de France ayant pris intelligence avecq la pluspart des barons et nobles de nostre dict pays et duché, nous a invalidé et assailly à puissance d'armes et faict la guerre en nostre dict pays, tendant à la totalle destruction d'icelluy ».

..... Le nouveau baron, « nostre très cher et très aimé cousin », en dépit des « dons, promesses, menaces, terreurs et espouvantemens », n'avait cessé de se conduire en bon et fidèle sujet, et « d'accompaigner » son souverain. Il était avec le duc au siège de Nantes, « mis et assys par les François, en quoi il a employé corps et biens et y a payé et dépensé de son bien en grand habondance et largesse ».

Après Nantes, c'était encore un autre fait
d'armes qu'il s'agissait de récompenser. Le sire
de la Hunaudaye n'avait-il pas remis sous la
domination de son duc :

« Nostre chasteau et forteresse de Moncontour,
quy, par les dicts François et leurs alliez avoit,
par subtilz moyens, esté prys à notre vroye et
loyalle subjection et obéyssance ».

Et le souverain breton constate au surplus
que Tournemine, baron de la Hunaudaye, ajoute
à son « extraction puissante » assez de biens et
de richesses pour « entretenir et maintenir l'*estat
et honneur recquis à entretennement de baron et
baronye* ».

Il ne fallait s'en prendre qu'à lui-même, si
François II, en s'alliant avec les ducs d'Orange,
d'Orléans, et autres « remueurs de mesnage, avoit
attiré les forces françoises sur ses débiles bras,
ruinant son pays, sa noblesse, son peuple (1) ».

Ce qui diminuait peut-être un peu le mérite
de la récompense, c'est que le prince dont elle
émanait « foible ès siens, foible en amis, n'étoit
pas moins foible en sa personne (2) ».

Le mémoire où nous avons rencontré les cu-
rieuses lettres-patentes de François II en faveur

1, 2. Jean de Serres, — *Inventaire général de l'Histoire de France.*

du sire de Tournemine, nous donne la filiation des barons qui se sont succédé dans la baronnie de la Hunaudaye. Les *tenues* de 1610, de 1611, de 1627 et de 1637 en font foi :

« Messieurs de Rosmadec, héritiers de la maison de Tournemine, en faveur de laquelle l'érection avait été faite, *en ont joui pendant qu'ils furent propriétaires de la Hunaudaye*. Catherine de Rosmadec, héritière de cette terre, la porta depuis, avec tous ses droits, dans la branche de Rieux-Châteauneuf, d'où elle passa dans celle de Rieux-Assérac, par le mariage de Jeanne-Pélagie de Rieux avec le marquis d'Assérac, aîné de la maison de Rieux ».

L'auteur du mémoire qui reçut favorable sanction du Roi, soutenait, au nom du comte de Rieux, que « *le défaut d'exercice de pareils droits* (droits de baronnie et autres) *ne leur donne point atteinte quand il ne se fait rien qui y soit directement contraire* ».

La baronnie comprenait : Montafilant, avec suzeraineté sur Corseul, Quévert, Bourseul, Saint-Méloir, Plélan, Saint-Michel de Pluduno, Plorec, Lescouët, Hénan, Ruca ; Plancoët et son droit « d'espaves et de pescheries », le Chemin-Chaussé et sa juridiction, comprenant ses plaids de Saint-Jacques appartenant au seigneur du

Vaucler avec appel au Chemin-Chaussé, Montbran et sa foire, la Hunaudaye enfin, avec ses
droits de guet et de garde pour sa forteresse, et
ses fiefs de Pléven et de Plédéliac, sans compter
sa forêt, etc., etc.

La comptabilité de la baronnie n'était donc pas
une sinécure ; le compte, rendu en 1592, par Alain
Héliguen, *pour Montafilant*, est un spécimen
authentique de la lourde charge incombant au
procureur de cette gestion générale. Cette pièce,
qui fait partie de nos archives, est sur vélin,
ce fameux vélin lamballais dont il est question
dans Rabelais, à l'occasion des *Décrétales* (1).

Le manuscrit d'Alain Héliguen ne comprend
pas moins de seize feuillets. Le procureur de la
« cour de Montaffilant rend ce compte au chevalier de Chasteaubriant et de Montaffilant,
héritier de hault et puissant et redouté seigneur

1. (*Pantagruel*, Livre ix, Chap. lii). — « Jean Chouart, dist
Ponocrates, à Monspellier avoit achapté des moines de
Sainct-Olary unes belles *Décrétales* escriptes en beau et grand
parchemin de Lamballe, pour en faire des vélins pour
battre de l'or ». Les « parcheminiers » formaient, en cette
ville, une corporation considérable et justement considérée. Les tanneurs, maçons et menuisiers y ont, en continuant à se grouper, maintenu les anciennes et salutaires
traditions. Saint Sébastien et sainte Anne sont les deux
principaux patrons célestes que les ouvriers ont choisis.

Françoys, seigneur en son temps des dicts lieux, etc... ».

Les registres des « Estats Généraux et ordinaires aes pays et duché de Bretagne, convoquez et assemblez par auctorité du Roy, en la ville de Vannes, le lundi 27 de septembre 1610 » portent, en tête de la liste des membres desdits Etats :

« 1º M. le baron de la Hunaudaye ;

« 2º M. de Guémadeuc (1) ».

Suivent sur trois colonnes les noms des autres gentilshommes de la province. Messire de la Hunaudaye présidait, mais, après lui et comme lui, le sire de Guémadeuc était hors de pair avec le reste de la noblesse.

Les *honneurs* des comtes de Rieux, *barons de la Hunaudaye* n'étaient pas tous aussi improductifs que la présidence des Etats. A côté des charges, les pensions :

« En 1451, M. de Rohan et *M. de Rieux* sont *pensionnés 600 livres*, et le sire de Guémené 200 ;

« En 1486, le duc François avait accordé au vicomte de Rohan 4000 livres, et *autant au sire de Rieux ;*

« En 1501, sous Louis XII, le chiffre des pensions est maintenu ;

1. *Mémoire pour la conservation des droits et prérogatives de la baronnie de la Hunaudaye* (1746).

« En 1508, les pensions du vicomte de Rohan et du *sire de Rieux* sont élevées à *5000 livres* (1).

Aux *béguins* ou deuils, tant des ducs de Bretagne que des rois de France, le traitement du sire de Rieux était égal à celui des princes, de sorte qu'au deuil du duc François II, « M. d'Albert, M. de Dunois, *M. de Rieux*, M. de Raiz (Jacques de Laval) eurent chascun sept aulnes et demie de drap noir à quinze livres (2) ».

Au deuil de Charles VIII, le *sire de Rieux*, le vicomte de Rohan, le sire de la Roche-Laval et le seigneur d'Avaugour eurent la même fourniture : sept aulnes et demie (3) ».

Jugez, d'après les sept aulnes et demie octroyées au sire de Rieux ce que devait être, comme astre princier, la comète de la Hunaudaye !

« Le règlement des Etats-Généraux du royaume, pour les rangs à observer aux dicts estats, estably par M. de Villerais, sous Henri IV, conserve à ceulx de la maison de Rieux le droict d'y entrer avec des *fourures* (4) ».

L'hermine de la haute magistrature, distinction réservée aux princes et, depuis, étendue aux premières présidences, était, en Bretagne, l'attribut exclusif des ducs et de leurs « feaux cousyns ».

1, 2, 3, 4. *Mémoire pour la conservation des droits et prérogatives de la baronnie de la Hunaudaye.*

CHAPITRE V

——◦——

Les sires de la Hunaudaye à la Cour.

En 1402, la duchesse de Bretagne qui avait épousé le Roi d'Angleterre, et sur le point de quitter son duché, confia la tutelle de ses enfants mineurs au duc de Bourgogne qui devint régent de Bretagne. A cet arrangement était intervenu le sire de la Hunaudaye, témoin et parent.

Ce fut à cette occasion que fut fondée, du nom de la paroisse où elle se réunissait, la *Confrérie d'Argentré*, dite de la Sainte Vierge, plus politique que dévote puisque cette *ligue des patriotes* bretons avait pour but le secours réciproque contre tout Prince étranger, contre tout ennemi public ou privé. En tête des fondateurs on re-

8

marquait les noms de Guillaume et de Louis de Sévigné.

Le jour même du traité de Sablé, le 8 mai 1421, le Dauphin, pour récompenser les bons services de Richard de Bretagne, lui donne le comté d'Estampes. C'était le nouveau comte d'Estampes qui avait sauvé la Dauphine, alors qu'elle était exposée, à Paris, à tous les périls.

Richard, sans perdre de temps, lève des compagnies. Le duc de Bretagne, de retour dans son duché, en confirme le commandement au comte d'Estampes, fait ratifier le Traité par ses Etats et nomme les capitaines, parmi lesquels le sire de la Hunaudaye, destinés à marcher à la tête des troupes du comte.

Le couronnement de François Ier de Bretagne eut lieu en 1442, en présence d'une cour brillante. Les sires de Rieux, de Montafilant, de Châteaubriant et de la Hunaudaye étaient au nombre des membres de la Haute Noblesse Bretonne. Le 7 décembre de cette année eut lieu la cérémonie, à la cathédrale de Rennes.

Pendant la messe, le duc, revêtu d'un habit et d'un manteau de pourpre doublés d'hermines, se mit à genoux et l'évêque lui « mit sur la tête un bonnet de velours fourré d'hermines, une

couronne enrichie de pierreries, et une épée
nue dans la main droite (1) ».

A la suite de la cérémonie eut lieu une procession, le duc marchant sous un dais porté par
quatre bacheliers; au retour à la cathédrale, il
fut dit une messe pendant l'offertoire de laquelle,
François fut fait chevalier par le connétable de
Richemont.

En 1453, le sire de la Hunaudaye et le sire de
Vaucler étaient à la tête de compagnies d'hommes envoyées en Guyenne en renfort aux troupes
du Roi.

Le 16 novembre 1455, l'évêque de Nantes
bénit, « dans la chapelle des Lices le mariage
du comte d'Estampes et de la princesse Marguerite de Bretagne, en présence du duc et des
duchesses, etc., des sires de Rieux et de la
Hunaudaye, etc... La jeune princesse avoit sur
la tête un cercle d'or enrichi de pierreries et
une robe traînante soutenue par Madame de
Penhoët. Le duc la conduisit à l'offrande, et la
ramena à sa place. L'amiral de Bueil portait le
cierge du comte d'Estampes, et le sire du Gavre
celui de la princesse (2) ».

Dom Morice nous apprend que le sire de la

1 et 2. Dom Morice. — Tome II, Livre x.

Hunaudaye avait été consulté, *à titre de parent,* avant la conclusion de ce mariage (1).

La Cour de Bretagne tantôt alliée à la Cour de France et tantôt son ennemie voyait sans cesse ses querelles intérieures envenimées par l'influence de ses puissants voisins. Un Légat dut même intervenir, de la part du Pape, pour rétablir la paix entre les princes bretons et leurs évêques, encouragés dans leur rébellion par la politique française. Le Cardinal de Coëtivy qui, en 1456, était venu en Bretagne lors de la canonisation de saint Vincent Ferrier, mort à Vannes en 1419, fut chargé par le Saint-Père de rappeler aux prélats de ce pays qu'ils ne relevaient pas seulement de Rome, mais qu'ils dépendaient de leurs ducs, « *temporellement* ».

Le Légat, titulaire de l'évêché de Dol, se montra moins récalcitrant que les simples évêques. Il se reconnut sujet du duc, pour le temporel de son église, ce qui, en raison du caractère dont Alain de Coëtivy était revêtu, faisait ressortir le côté mesquin de l'opposition épiscopale de Bretagne.

1. Dom Morice. — Tome ii, Livre x,

CHAPITRE VI

— · —

Justices seigneuriales et rustiques. — Saint Guil-
laume et sa Légende. — Droits de fondation et
d'inféodation à Saint-Alban.

Dans sa savante « Etude biographique sur
Baudouin de Maisonblanche, député de la Séné-
chaussée de Lannion aux Etats-Généraux de
1789 », M. René Kerviler reproduit une lettre
de ce jurisconsulte dont nous détachons ce
passage relatif à la suppression des justices
seigneuriales :

« Ces *justices* s'exercent ordinairement en
campagne et n'ont qu'un juge..... Plusieurs se
récrient contre les abus énormes de ces justices
seigneuriales, etc... (1) ».

1. Lettre de Baudouin (1ᵉʳ juin 1788).

La multiplicité de ces sièges, *l'amour du Breton pour la chicane*, « mal politique dont gémissaient les honnêtes gens de la province (1) », les frais que tout cela entraînait, sans compter l'ignorance de ces *magistrats ruraux*, appelaient depuis longtemps une réforme répondant aux vœux les mieux justifiés.

Il faut lire les lettres de Madame de Châteaubriand qui venait d'être jugée (1785), par « le Tribunal *rustique* » du *Chemin-Chaussé*, au vicomte de Rabec son acquéreur, pour avoir idée des malédictions contre ces juges « ignorants ». (Archives du Prédéro).

C'est qu'il y avait en ce *Chemin-Chaussé* toute une juridiction, avec juge, procureur-fiscal, greffier, etc., etc.

Les actes que l'on y rédigeait qualifiaient cette seigneurie de *ville*, sans plus de façon qu'Andore et Saint-Marin se vantent d'être Républiques et que Monaco se pique d'être un Etat.

La justice se rendait au Chemin-Chaussé au nom de haut et puissant seigneur le baron de la Hunaudaye, comme elle se rendait pour menues querelles entre vassaux du Vaucler, sous le porche de la chapelle Saint-Jacques, en St-Alban.

1. Lettre de Baudouin.

Une balance, peinte sur la porte du prétoire de Pléneuf, atteste par un signe sensible que, pour avoir été déplacé par la Révolution, l'équilibre judiciaire n'est pas rompu.

Sur la route de Pléneuf à Saint-Alban, à gauche de la côte que l'on gravit au pas avant ce dernier bourg, on aperçoit sur l'autre versant une toute petite chapelle, sorte de monument funéraire, comme on en voit tant dans nos cimetières. C'est sur ce riant coteau que naquit le futur évêque de Saint-Brieuc, Guillaume Pinchon (Saint Guillaume), mort en 1234.

Une légende veut que le saint se rendant à Matignon « *petite ville et grand renom* » demandât l'hospitalité au Chemin-Chaussé.

On ne voulut l'y recevoir que moyennant paiement. Les prétentions de son hôte dépassant les ressources de sa modique bourse, le saint dut laisser son bréviaire en gage, mais en avertissant les habitants du Chemin-Chaussé qu'en punition de leur manque de charité, les murs de leurs inhospitalières maisons ne pourraient tenir debout.

De là, il se rendit à l'hôtellerie Abraham, en Saint-Alban, où ses compatriotes, auxquels il ne se fit pas tout d'abord reconnaître (il faisait nuit), l'accueillirent et l'hébergèrent sans plus

se préoccuper de rémunération. Leur généro-
sité reçut sa récompense.

A partir de cette époque, le Chemin-Chaussé
a cessé d'être ville, les maisons s'écroulent à
mesure qu'on en bâtit. C'est le contraire à Saint-
Alban; les plus vieilles constructions restent
intactes, comme pour témoigner du miraculeux
contraste Une simple croix marque la place où
s'arrêta le saint.

« Le Chemin-Chaussé n'est proprement qu'une
rue, séparant les paroisses de La Bouillie et de
Hénansal. Il a néanmoins toujours porté le nom
de *ville*, quoique bien des hameaux auraient
plus d'apparence, si l'on n'y voyait pas trois ou
quatre enseignes de cabaret qui sont saillantes
sur la rue. C'est le siège de la *juridiction de la
Hunaudaye* pour les paroisses qui sont trop
éloignées de Plancoët, *et il y a un auditoire qu'on
peut véritablement appeler rustique* (1) ».

La *via calcata* (chemin chaussé) ou *via ferrea*
(chemin ferré), autrement dit le chemin des
Romains, devait traverser à cet endroit, un
centre plus ou moins populeux, qu'il ait été
ville ou village. Les découvertes que l'on a faites,

1. Notes, en 1781, pour parvenir à la vente des fiefs de
la maison de Rieux.

il y a quelques années, au Chemin-Chaussé, en
sont au moins la logique présomption. En 1825
et 1817, les *Trinaires* de Constantin le Grand, et
en 1850, des pièces de monnaie du temps de
Maximin ont été trouvées aux alentours

Un aveu, rendu à Lamballe, en novembre 1570,
pour les seigneuries de la Hunaudaye et Montafilant, par « *René Tournemine, chevalier de l'ordre
du Roy, baron de la Hunaudaye, sire de Montaffilant* », inféode la seigneurie de Montafilant de
la *proche mouvance*, dans toute l'étendue de
plusieurs paroisses, au nombre desquelles figure
Saint-Alban.

L'usage voulait que l'on gardât, de temps
immémorial, les mesures des seigneuries dans
les églises situées « sous le proche fief de leurs
hautes justices (1) ».

C'était en vertu de cette pratique féodale et
séculaire que l'*Étalon de mesure à blé* de la seigneurie de Montafilant était déposé en l'église
de Saint-Alban.

Cet étalon ayant été déplacé et transporté dans
le cimetière, un réquisitoire seigneurial le fit
reporter en l'église, procès-verbal ayant été

1. Minu fourni, en 1469, par le sire de la Hunaudaye à la
seigneurie de Montafilant.

préalablement dressé à cet effet par les *officiers
de la juridiction de Montaffilant, siégeant au
Chemin Chaussé.* Le recteur allégua pour sa défense que le déplacement de la mesure n'avait
été opéré qu'à raison des réparations de son
église, ce qui fut signé de lui, du juge et du
greffier (1) ».

En novembre 1575, un second Aveu est rendu
à Lamballe, « *pour les seigneuries de la Hunaudaye et Montaffilant, par René de Tournemine,
chevalier de l'Ordre du Roy, baron de la Hunaudaye, sire de Montaffilant* », en vertu duquel
« *la seigneurie de Montaffilant est inféodée de la
proche mouvance dans l'étendue de plusieurs paroisses* », au nombre desquelles Saint-Alban est
expressément dénommé (2).

Il y est dit « *qu'à cause desdictes seigneuries,
ledit sire a tout : droit de Juridiction, Haulte-
Justice, Puissance, Priviléges, Prééminence,
Auctorité, Prérogatives tenu. à seigneur, baron
et châtelain* », suivant la coutume de ce pays.

L'auteur du *Mémoire* qui fut imprimé en 1746,
au cours du procès, engagé au sujet des « Droits
de Seigneurie Proche et de Fondation de l'Église

1. Procès-verbal du 11 janvier 1648.
2. Rennes, Joseph Vatar, 1746 (Mémoire imprimé).

de Saint-Alban », entre le comte de Rieux et le comte de La Marck, fait remarquer, d'après Hévin, que « *ce genre d'inféodation comprend le droit de fondation et est conforme à l'ancien usage des grandes seigneuries qui rendaient leurs Aveux en bref et sans aucun détail des droicts particuliers* ». On en donnait pour exemple les aveux de la baronnie de Vitré, ne contenant que quelques lignes.

Nous retrouvons bien encore ici la lutte, au sujet des « *prééminences* » en l'église de S¹-Alban, engagée comme à la chapelle Saint-Jacques avec la maison du Vaucler, entre la maison de Rieux et le comte de La Marck aux droits de messires de Visdelou. Il fut prouvé que « les prééminences » de ceux-ci, dont le privilège d'*écussons* était l'un des principaux, provenaient, à l'origine, de « *concessions consenties* à leurs auteurs par le général des paroissiens » moyennant *trois sols de rente* que la Fabrique continuait de percevoir (1) ».

Ces écussons n'existent plus, la verrière du maître-autel de Saint-Alban a survécu aux générations, aux tourmentes et aux procès. Elle a été en partie respectée par les ans, et qui plus

1. Mémoire de 1736.

est, par les hommes. On la fait remonter au xv⁵
siècle : elle représente la Passion.

Le premier lundi de septembre, il se tient,
« proche de l'église » une foire, dite la *Foire aux*
Chats, ainsi dénommée, disent les chroniques,
parce que longtemps on n'y vit pas un chat.
Cette innocente plaisanterie ne s'appuie ni sur
l'histoire ni sur l'absence ou la présence des
félins, ni sur son nom véritable, qui est : « Foire
aux *Chairs* » ; mais laissons-la s'appeler comme
c'est aujourd'hui d'habitude...... la Foire aux
Chats !

La première fois que nous en trouvons mention, c'est dans un *Minu* du mois de juin 1469.
Dans ce *Minu*, fourni à la seigneurie de Montafilant, il est question déjà de la *Foire aux Chairs*
« tenue tous les ans au bourg de Saint-Alban (1) »
(1ᵉʳ lundi de septembre).

En juillet 1738, un aveu est rendu par le comte
de La Marck à la seigneurie de la Hunaudaye
et Montafilant, par lequel il déclare tenir de
ladite seigneurie « la foire appelée vulgairement
la *Foire aux Chairs*, qui se tient tous les ans au
bourg de Saint-Alban, le premier lundy de
septembre, dans une place qui entoure l'église

1. Mémoire de 1745.

et le cimetière, *droict de foire qu'il reconnait ne lui appartenir qu'à raison de l'acquest que ses autheurs en ont fait en 1601 du sire de la Viléon qui la tenoit prochement de la dicte seigneurie de Montafilant, et qui, par la vente qu'il en a faicte, a chargé le sieur Visdelou de la Goublaye de la tenir de même* (1) ».

Cet aveu fixe donc nettement l'origine des droits de la *Foire aux Chairs*, provenant de la cession faite au profit de messire Visdelou « Autheur » du comte de La Marck, par messire de la Villéon « qui la tenait lui-même prochement de la seigneurie de Montafilant ».

1. Mémoire de 1716.

CHAPITRE VII

———✳———

I

Le Château du Vaucler.

Plus heureux que le Guémadeuc dont il ne reste plus une muraille, le Vaucler a été cependant mutilé à diverses reprises. Il ne lui reste plus qu'une tour, et sa charpente a été en partie abaissée; mais si amoindri qu'il soit, ses douves et ses étangs comblés, il ne présente pas moins de respectables vestiges de sa vieille origine. Les fenêtres de sa façade, près du toit, aux armoiries de leurs anciens propriétaires (1), et

1. Cette dépendance de la maison de Rieux est venue aux propriétaires actuels par héritage de leur auteur, M. Minet. l'honorable régisseur du château de la Hunaudaye.

son pignon avec pierres sculptées en bordure lui ont conservé son caractère seigneurial.

Nous avons déjà donné les armoiries des Tournemine de la Hunaudaye. Les sires du Vaucler (de Rieux d'Asserac), alliés des précédents, portaient : « d'azur à dix besans d'or, 4, 3, 2, 1 ».

Le Vaucler, qui s'orthographie aujourd'hui *Vauclair* a pour étymologie les deux mots latins : « *Vallis clara*, le *Val illustre* ». Les armes qui marquent au front le noble vieillard sont comme un sceau indélébile que la caducité ne saurait lui faire perdre.

Dès 1436, le Vaucler jouissait d'un droit de foire à la chapelle Saint-Jacques. Le 24 mai de cette année, des lettres-patentes de « Jehan, duc de Bretagne, seigneur de Penthièvre » concédèrent à Guyon de la Motte, seigneur du Vaucler, « droict de foire en la dicte chapelle, estant ès fiefs du dict seigneur du Vaucler, pour en jouir eux et leurs successeurs, avec coustumes, devoirs, amendes et aultres droicts », la dicte seigneurie du Vaucler se trouvant réunie dans celle de Montaffilant en la personne du comte de Rieux (1).

---

1. Analyse des titres produits au procès pendant entre le comte de Rieux et le comte de La Marck. Rennes, Vatar, 1716.

Un Aveu de 1531 reconnaît au sire du Vaucler, en outre des droits de « bouteillage et aultres droicts de fondation », celui de visiter et étalonner les mesures, à l'*Assemblée* qui se tient le dict jour de Saint-Jacques, autour de la chapelle (1) ».

Le 15 juin 1569, la veuve du sire de La Motte, seigneur du Vaucler, est Catherine de Tournemine qui, en sa qualité de tutrice de ses enfants mineurs, rend aveu à la seigneurie de Penthièvre pour partie de la terre du Vaucler. Elle s'inféode « des droicts d'enfeux, sépultures, chapelles, armoiries, tombeaux, bancs, lisières et aultres droicts dans la chapelle St-Jacques (2).

Dans le procès de 1746, les témoins déclarèrent que l'écusson d'argent « à trois barres de gueules engrêlées » qui étaient les armes pleines du Vaucler avaient autrefois existé au-dessus de la principale vitre du maître-autel de ladite chapelle ; que le « *Cep et collier* « *de la seigneurie du Vaucler était placé de temps immémorial près de la porte de la chapelle;* enfin que les *Plaids* généraux de la juridiction du Vaucler se tenaient tous les ans *et sans assignation*, près de ladite

---

1, 2. Analyse des titres produits au procès pendant entre le comte de Rieux et le comte de La Marck. Rennes, Vatar, 1716

porte, la veille du jour saint Jacques, patron
de ladite chapelle (1).

Contre ces prétentions, le seigneur de Bienassis
n'avait à faire valoir qu'un mandement de l'Offi-
cial de Saint-Brieuc du 26 août 1484 et un procès-
verbal d'août 1526, réservant en sa faveur certains
droits de chapelainie et la fondation, à Saint-
Jacques, de quelques messes.

En 1785, les choses ont changé. Une lettre de
M. Jehannès du Haut-Champ, régisseur de Bienassis, nous apprend que M. le comte de la Ville-
Théart se préoccupe de faire payer par les
vassaux de Pléneuf les rachaps non acquittés au
comte de Rieux, son vendeur. Saint-Jacques,
avec sa chapelle, y est mentionné.

Le projet de vente que nous avons sous les
yeux (2) comprenait : 1º un fief de haute justice,
en la paroisse de la Bouillie, nommé le baillage
de la Hunaudaye ; 2º le baillage de Montafilant
(même paroisse) ; 3º le baillage du Vaucler
(même paroisse) sur lequel était due une rente
aux Augustins de Lamballe, pour fondation de
messes « pour le repos des âmes des ancêtres

1. Analyse des titres produits au procès pendant entre le
comte de Rieux et le comte de La Marck. Rennes, Vatar, 1746.
  2. A nos archives.

de Monseigneur » (le comte de Rieux); 4° le droit aux foires et marchés du Chemin-Chaussé, c'est-à-dire seulement « du côté de la Bouillie, dans la Ruë du Chemin-Chaussé, etc. »; 5° en la paroisse de Saint-Alban, le baillage du Vaucler et de Horiolo, en cette paroisse, y compris « les droits de fondation de l'église paroissiale de St-Alban, tels qu'ils sont reconnus par la transaction passée avec M. le prince d'Aremberg, *ainsi que les droits sur la chapelle de Saint-Jacques* (1) ».

II

La Chapelle Saint-Jacques.

Ce que nous venons de rapporter sur le « *Cep et le Collier* » nous dispensera d'expliquer la signification de cet édifice accolé à la chapelle près du porche.

La chapelle Saint-Jacques serait contemporaine de la cathédrale de Saint-Brieuc et remonterait comme elle au XIIIe siècle. C'est ainsi que l'on explique son inachèvement, le grand édifice

1. Analyse, etc., 1746.

diocésain que Guillaume Pinchon s'était promis
de bâtir ayant absorbé toute autre préoccupa-
tion. D'après une légende qui ne vaut pas moins
que cette tradition, un seigneur revenant d'Es-
pagne où il avait, à la suite de du Guesclin,
guerroyé contre Pierre-le-Cruel, aurait bâti
Saint-Jacques de Saint-Alban et l'aurait dédié au
patron de Compostelle, en exécution d'un vœu.

Le porche, aux élégants faisceaux de colon-
nettes et leurs chapiteaux avec fleurs en bouquets
dont la délicatesse se joue de la dureté du granit,
est à lui seul, un véritable bijou.

Une bête poursuivie par les chiens, et qui a la
prétention d'être un loup, est sculptée sur le mur
extérieur d'une sorte de tribune ou de sacristie
accolée à la chapelle d'où l'on y monte par un
escalier de pierre en spirale. Le juge qui venait,
au nom du seigneur du Vaucler, siéger « au
porche de Saint-Jacques », devait en faire son
violon (1) : le fauve pourchassé par la meute, autrement dit le voleur ayant à ses trousses les
gens de justice, est une allégorie qui vaut bien
la balance peinte sur la porte du Tribunal de
paix de Pléneuf et dont l'équilibre dépend du
plus ou moins de coup-d'œil du barbouilleur.

1. *Ceps,* en vieux français voulait dire *fers* (prison).

CHAPITRE VIII

— ⫶ —

I

Bienassis et Guémadeuc. — Saint André et le Val-André.

Le seigneur de Bienassis qui perdit son procès contre la maison de Rieux-Vaucler, aussi bien au sujet de ses prétendus droits sur St-Jacques que sur Saint-Alban, était lui-même un puissant personnage.

La belle résidence dont le comte de La Marck était alors le châtelain a eu ses bons et ses mauvais jours. En 1590, les ligueurs, commandés par le marquis de Chaussin, venaient assiéger le Guémadeuc. Ils ne purent le prendre qu'au bout de quelques heures, bien qu'ils fussent au nombre de six cents et qu'ils eussent deux pièces de canon.

Sans perdre de temps, ils mettaient le siège devant Bienassis, qu'ils prirent aisément et pillèrent.

« Cette terre était (1590) possédée par la maison de Vis-leloup, où elle était entrée par le mariage de Françoise de Quélénec, dame de Bienassis, avec Gilles de Visdeloup, seigneur de la Goublaye.

« Elle passa dans celle de La Marck par le mariage de Marie-Anne-Hyacinthe de Visdeloup, héritière de Bienassis, avec le comte de La Marck. Louise-Marguerite, leur fille unique, l'apporta au prince d'Aremberg, son mari, qui la vendit en 1765 à M. de la Villethéart-Visdeloup (1) ».

La maison de la Villethéart s'en vit déposséder à la Révolution, et cette belle terre devint bien national. C'est ainsi qu'elle a été aliénée et, depuis, revendue.

Le Guémadeuc, assez fort pour tenir « quelques heures » contre toute une petite armée et deux pièces de canon, ne paraît pas avoir jamais été en guerre ni en procès avec Bienassis. Les rivalités de ses châtelains avec les seigneurs du

---

1. Ruffelet. — *Annales briochines.* Mahé, 1771.

Vaucler consistaient plutôt en disputes de pré-séance ; et quant à ces derniers, leur seule guerre sérieuse avec la maison de La Marck, à l'occasion des droits de fondation de Saint-Jacques ne fit mettre en batterie de part et d'autre que des pièces de procédure.

Entre le Guémadeuc et le Vaucler, il y avait d'ailleurs une frontière naturelle, le Val descendant directement de Pléneuf à la mer, le *Val en drel*, c'est-à-dire le Val en droit (pro-noncez *drel*) chemin, dont on a fait le *Val-André*.

Si l'on n'admet pas cette étymologie, par trop simple pour plaire aux savants et amateurs de légendes, nous ne voyons pas d'inconvénient à mettre Saint André de la partie. En Armorique, c'est bientôt fait, car les Saints y sont exception-nellement complaisants, mais il ne faudrait pourtant pas confisquer l'Apôtre au profit d'un caprice, et si un miracle nous l'eût donné, notre Val se fût appelé *Val Saint André*, nom qu'il n'a jamais porté. Le frère de Pierre était, il est vrai, un pêcheur : pas plus au Val qu'à la « Villa Piscatorum » il n'y a trace du moindre Apôtre. Songez au surplus que ce fut André qui évan-gélisa les ancêtres de nos amis les Russes, prêts à invoquer à notre encontre un pieux alibi.

Bienassis, le mieux conservé des trois châ-

teaux du pays (1), est sans contredit la seule
résidence qui puisse attirer l'attention du tou-
riste. Il a gardé ses douves, ses murs crénelés;
il a conservé son aspect féodal et il a vraiment
grand air dans sa masse imposante et l'aligne-
ment de ses larges avenues. La période révolu-
tionnaire, en l'enlevant à ses maîtres, ne lui a pas
imposé d'autres flétrissures; l'âme des revenants
qui, assure-t-on, visite nos vieilles demeures
doit s'y retrouver encore comme au temps des
Quélénec, des La Marck et des Visdeloup.

Mais revenons au Guémadeuc. A quelques
cents pas des dunes qui continuent, du côté de
Dahouët, la plage du Val-André, un marais a
remplacé l'étang du château. La chapelle Saint-
Symphorien qui a donné son nom à la grève
bordée par ces dunes a elle-même disparu.

Le *Cloitre*, n'a de claustral que ses murs
élevés longeant, au départ de Pléneuf, la route
de ce bourg à Saint-Alban vers Lamballe, et il
n'y a pas que les moines à se clore.

« Le Guémadeuc, après avoir été longtemps
possédé par les seigneurs de ce nom, passa dans
la maison de Vignerot, marquis de Pontcourlay.

1. Nous allons voir qu'il ne peut plus être question du
Guémadeuc.

Il fut vendu par le duc de Richelieu au sieur de Berthelot. Vendu une seconde fois en 1719, il fut acquis par Agnès Rioult de Douilly qui avait épousé Etienne de Berthelot, et (au temps où Ruffelet l'écrivait — vers 1770 —), il était encore possédé par son petit-fils, M. Baudoin, maître des requêtes (1) ».

Nous avons vu, à notre chapitre IV, que messire de Guémadeuc venait, immédiatement après le baron de la Hunaudaye sur la liste des « Estats de Bretagne, convoquez à Vannes, le 27 septembre 1610 ».

Le Guémadeuc joint à la gloire d'avoir vu son nom porté par une des plus grandes maisons de France et de Bretagne l'honneur d'avoir eu pour régisseur, au siècle dernier, un agronome distingué, M. Le Dosseur (c'était son nom) fut l'un des inspirateurs de nos premières Ecoles d'économie rurale. Dès 1762, les Etats assemblés à Saint-Brieuc avaient institué une Société d'agriculture. En 1769, M. Le Dosseur fut adjoint par les mêmes Etats aux sociétaires précédemment nommés : MM. de Rabec (chanoine), de Tramain, Digautray-Deslandes, Boitidoux, Armez du Paulpry et de La Salle Le Méc.

1. Ruffelet. — *Annales.*

II

La Grève du Val-André et ses Coquillages.

La grève du Val-André foisonne de coquillages dont quelques-uns, petites coquilles univalves de l'espèce porcelaine, sont très rares aujourd'hui. On les appelle « pucelages ». L'origine du nom qu'on leur donne sans savoir pourquoi remonte aux Druidesses.

Si l'on en croit l'abbé Deric (*Histoire ecclés. de Bretagne*), ces prêtresses avaient leur collège principal au Mont-Saint-Michel, et sans doute des succursales sur nos côtes. Les marins qui avaient foi en leurs invocations faisaient, avant de se livrer aux hasards d'un long et périlleux voyage, approcher leur bateau aussi près que possible du rivage où, à l'eau jusqu'à la ceinture, les Druidesses semblaient attendre.

A peine le navire était-il à l'ancre, qu'un homme s'élançait vers elles à la nage, et cet homme, qui devait être un adolescent dans

11

toute sa pureté, était le présent offert à ces histériques.

Lorsqu'il retournait à bord, il avait à son cou autant de nos petits coquillages que le présent avait été accepté. Plus il y en avait, plus de chances on avait d'accomplir heureusement la traversée.

L'Archange, qui trônait sur Verdelet comme au Mont célèbre dont notre rocher n'est que la miniature, terrassa les Druidesses ni plus ni moins que de simples diablotines et si, de loin en loin, quelque Sirène égarée sur nos grèves venait alarmer pour leurs fils les mères de famille, Saint Michel-Archange ne serait pas invoqué en vain.

CHAPITRE IX

I

Saint Jacques et ses Coquilles.

Par les gros temps, aux grandes marées,
lorsque se retire le flot qui, dans sa colère, a
battu les sables, on peut ramasser, en suivant
la mer descendante, une quantité plus ou moins
abondante de « ricardeaux », autrement dits
Coquilles de Saint Jacques. Nous en avons vu
d'assez heureux pour en remplir des hottes entières.

La légende de Saint Jacques et de ses coquilles
n'est guère connue chez nous. On sait seulement
qu'après son martyre, à Joppé, ses disciples
déposèrent son corps sur une barque et se con-

fièrent eux-mêmes aux vagues, aux vents et aux courants.

Sans pilote, l'embarcation fut miraculeusement poussée vers les rivages de Galice, pays alors païen et qui fut plus tard ce célèbre Compostelle où devaient affluer de nombreux pèlerins.

Le jour où la barque atterrit était un jour de fête, aussi y eut-il grande affluence à l'apparition de nos saints navigateurs.

Bientôt le seigneur de Maya, dont c'était le mariage, suivit la foule vers la mer. Tout à coup, le cheval sur lequel il était monté fut entraîné dans l'eau, par une puissance irrésistible, jusqu'auprès de l'apôtre martyr. Aussitôt le corps de l'animal fut couvert d'écailles et l'espèce de coquilles qui les avait fournies prit le nom, qu'elles portent encore, de *Coquilles de Saint Jacques.*

A la suite du miracle, senor et senora en tête, tout le pays se convertit. Une merveille de cathédrale, Saint-Jacques de Compostelle, en perpétue le bienheureux souvenir. Les coquilles de Saint Jacques devinrent les insignes privilégiés du pèlerinage aux reliques de l'Apôtre. Et le privilège accordé par les papes Grégoire IX et Clément X à l'occasion de la vente de ces coquilles était si réel que l'Archevêque de Compostelle avait le droit « d'excommunier » quiconque en vendrait de semblables. (1).

II

Histoire de Nicole.

Laissons aux amateurs, si nous ne le sommes nous-mêmes, le plaisir de faire sortir du sable le frétillant lançon, si vif à y rentrer, à moins que nous ne veuillons prendre une barque ou tendre nos lignes, avant que le flot ne monte, pour venir les relever quand la mer, en se retirant, les aura de nouveau laissées à sec.

Il y a longtemps, longtemps, puisque ceux qui l'on vu dans leur enfance ont dépassé la soixantaine (2) : un monstre marin, disaient les uns ; un revenant, assuraient les autres, un être invraisemblable à tête de poisson mais à nageoires en forme de mains, s'amusa pendant de longs mois aux dépens des pêcheurs de la baie.

1. Pizzetta. — *Les Secrets de la Plage.* Paris, Brunet, 1869.
2. Conté par M. Félix Démeroux.

Il soulevait les chaluts, en faisait échapper tout
ce qu'ils contenaient, puis plongeait et reparaissait ensuite, toujours la moitié du corps
hors de l'eau, serrant dans sa gueule grima-
çante l'ancre de l'embarcation.

On lui jeta de l'eau bénite...... Peine inutile.
On lui tira des coups de fusil.... Poudre perdue;
les balles glissaient sur lui.

On se rappela qu'un garde-pêche, sévère jusqu'à la persécution, avait été maintes fois maudit.
Il se nommait Nicole, et Nicole répondait, de
son vivant, aux malédictions qui pleuvaient
sur lui :

— Si l'on m'empêche de gagner mon salut, je
reviendrai tout exprès ici-bas pour me venger.

Evidemment Nicole était damné, cela ne faisait doute pour personne ; aussi avait-il si
méchamment tenu sa promesse que si jamais
il reparaissait, adieu poissons, au diable parties
de pêche !

CHAPITRE X

Les sires du Vaucler et de la Hunaudaye au siége de Lamballe. — Mort de La Nouë Bras-de-Fer.

L'histoire nécessairement restreinte que nous nous sommes imposée ne nous permet pas d'entrer dans de plus longs détails sur le Vaucler. Les superbes vitraux de Moncontour (*Monument historique*) dont l'un, à l'effigie d'un sire de La Motte et aux armes de La Motte-Vaucler (1), attestent encore la munificence de nos hauts et puissants seigneurs. Si les huguenots, qui occupèrent Moncontour sous la Ligue, ne les détruisirent pas, c'est que, dans les rangs de l'armée

1. Le donateur à genoux y est présenté par Saint Jacques-le Majeur. — M. de Courcy. — *De Rennes à Brest et à Saint-Malo,* Paris, Hachette.

royale combattait un sire du Vaucler, et « les loups ne se mangent pas entre eux ».

Nous ne citerons que pour mémoire le nom d'Olivier du Vaucler, capitaine gouverneur, en 1350, des « ville et château de Lamballe » et la donation aux Augustins faite, en 1378, par le chevalier-seigneur dudit nom, du « terrouer où estoit establie la foire aux chevaulx, pourceaulx et aultres bestes, à la feste de Saint Denis et le lendemain », à condition de dire annuellement une messe ô notes (chantée), en échange des droits et profits que cette foire rapportait au Monastère ainsi gratifié (*Archives département.*, *Registre des Augustins*) (1).

Enfin mentionnons Guyon de la Motte, seigneur du Vaucler, qui fut, en 1459, l'un des ambassadeurs envoyés à Rome par le duc François II pour solliciter du Pape l'érection de l'Université de Nantes.

Sous la Ligue dont nous parlions tout à l'heure, à l'occasion des vitraux de Moncontour, La Nouë, *bras de fer*, qui dirigeait en personne les opéra-

1. A la place de ce couvent dont les moines furent dispersés sous la Révolution s'élèvent aujourd'hui la Justice de paix, l'École communale et la Poissonnerie. La chapelle dite de « l'*Ave Maria* » existait encore il y a quelques années et servait de magasin.

tions du siège de Lamballe était d'avis de lever
ce siège, son artillerie étant jugée par lui insuf-
fisante.

« Mais messire de la Hunaudaye (qui était l'un
des capitaines royalistes) pressoit fort qu'on
assiégeât, son chasteau n'estant qu'à 2 lieues de
Lamballe, et le marquis d'Asserac faisoit le
semblable, duquel la maison du Vaucler qui
estoit à sa femme estoit aussy à 2 lieues (1) ».

On en connaît le résultat : La Nouë, voulant
voir par lui-même si la brèche faite par ses
canons permettait de tenter l'assaut tomba du
haut de l'échelle où il était monté, près la porte
de Bario, blessé à la tête d'une balle d'arque-
buse.

Transporté à Moncontour, ce grand homme
de guerre vécut encore quinze jours et, sans
son chirurgien qui, soit inexpérience, soit en-
têtement criminel, ne consentit pas à l'opération
du trépan, il est probable que La Nouë n'eût
pas succombé (2).

Henri IV pleura la perte de son illustre servi-
teur tombé, disait le Roi, au siège d'une « bi-
coque ».

Tout protestant qu'il était, Bras-de-Fer édifia

1 et 2. Mémoires de Jehan du Matz.

son entourage, tant catholique que huguenot, par ses sentiments de foi profonde et sa chétienne résignation.

A cette époque néfaste, nos campagnes furent l'une après l'autre pillées et dévastées. En 1591, les incursions de la garnison de Moncontour ruinèrent Hillion. Nos archives de la Villepierre nous ont conservé le mémoire des centaines d'écus qu'il en coûta au Recteur de cette paroisse, généreux ôtage dont la rançon s'augmenta de frais de prison et d'escorte.

En 1592, (13 mai), le capitaine Quensal, venu du Guémadeuc au secours de Saint-Brieuc menacé par la Ligue, reçoit « un pot d'hypocras, 8 pots de Gascogne, des confitures, quelques pains et des viandes (1) ».

En 1597, le lendemain de Noël, « les soldats du régiment du sire de Vauvrix, cantonnés à Saint-Brieuc, Quessoy et Hillion », mirent le feu à l'église de Planguenoual.

Tel est, aussi succinct que possible, le résumé des souvenirs que laissa chez nous la Ligue, l'une de nos plus tristes guerres civiles.

1. Lamare. — *Histoire de Saint-Brieuc*, page 73.

CHAPITRE XI

———

I

Montafllant. — Bannière de la Châtellenie de Plancoël.

Nous avons vu (chapitre VI) que « la seigneurie de Montafllant était inféodée de la proche mouvance de plusieurs paroisses » au nombre desquelles était Saint-Alban, et au chapitre VII, nous avons constaté que la seigneurie du Vaucler s'était trouvée réunie dans celle de Montafllant en la personne du sire de Rieux.

Montafllant était une ancienne bannière de la châtellenie de Plancoët.

Les sires de Dinan avaient donné ce château à un de leurs cadets. Cette branche de la maison de Dinan s'éteignait à la mort de Françoise, mariée en premières noces à Gilles de Bretagne, et en secondes noces à Guy, comte de Laval.

« Le château, à demy lieue de la ville des Curiosolites, par corruption *Corseul*, est situé dans la paroisse de Corseul, à deux grandes lieues de Dinan, et à une petite de Plancoët.

« Il est dans le milieu de la cour un puits remarquable par sa largeur et la beauté des pierres de taille qui forment la paroi intérieure (1) ».

Des fouilles importantes ont été pratiquées à Corseul et aux environs. Une grande quantité de poteries romaines, trouvées là, sembleraient indiquer la longue possession du peuple conquérant en cet endroit. Le *Chemin ferré* (via ferrata) y aboutissait ; enfin, non-loin de Montafilant, un champ s'est appelé « Cambœuf » (*Campus bovis*). Ce devait être le champ où les Romains avaient leurs provisions de bétail, ou peut-être leurs abattoirs.

Le ruisseau qui coule près de là et qui devait se rougir du sang des animaux égorgés s'appelle encore Cambœuf, du nom du parc aux bestiaux.

« On sait que les Romains avaient soin d'a-

1. Notes pour parvenir, en 1785, à la vente des fiefs de la maison de Rieux. (Documents inédits).

masser du bétail de provision qu'ils conservaient pour leur usage.

« Un autre chemin des Romains parait venir de Blavet, aujourd'hui Port-Louis, dont on voit encore quelques beaux restes, et qui après avoir traversé Montafilant, vient aboutir à Corseul. Le vulgaire le nomme le chemin de *Lestrac*.

« Il subsiste dans l'église paroissiale de Corseul un pilier formé d'une colonne ancienne, avec inscription romaine (1) ».

C'est sans doute cette fameuse épitaphe D. M. S. (*Diis manibus sacrum*) dont nous avons lu quelque part l'explication : « Elle serait, nous dit-on, consacrée à une femme nommée *Silicia*, par son fils *Januarius* ». Qu'était-ce que cette Silicia, et que valait Januarius en dehors de sa piété filiale ? Adressez-vous au « Guide » dont nous n'avons qu'une demi-confidence.

En 1785, « deux des grandes tours (2) étaient entières. Il subsistait encore des portions des autres, ainsi que des demi-tours qui défendaient l'approche du second fossé. On voyait en outre l'entrée de souterrains, sans en connaître la direction » (Note de 1785).

1. Note précitée de 1785.
2. Du château de Montafilant.

De ces ruines, il ne reste plus que trois tours croûlantes ; l'antique Bannière, aux derniers branlements d'une vieillesse qui touche à la décrépitude, est réduite à demander au lierre et à la ronce le sarment qui la cache.

II

Plancoël et son Greffe. — Les Aventures de mer, Guet et Signaux.

Dans son projet de contrat, en vue de la vente de Plancoët, l'homme d'affaires du comte de Rieux, en 1785, songe à la valeur à venir de cette petite ville et dit à ce propos : « Plancoët tentera plus d'un acquéreur (1) ».

On fait seulement une réserve, quant au greffe :

« C'est une ville dont le marché s'accroît d'année en année, et qui devient plus célèbre, à cause d'un grand chemin pour aller à Saint-Malo qu'on a ouvert par cet endroit ; mais il faut au

---

1. Notes pour parvenir à la vente des fiefs de la maison de Rieux, 1785.

cas de cette division de biens, observer que le siège de cette *juridiction, qui étoit fort belle, à raison de toutes les paroisses qui y venoient plaider, tombera, et que le greffe qui n'y pourra subsister que pour une très petite partie, fera un revenu de moins pour celui qui aura Plancoët* (1) ».

Les souvenirs d'enfance de Châteaubriand suffiraient à faire aimer Plancoët, « cette jolie petite ville », où il aimait tant à passer ses vacances chez son oncle de Bédée.

Il est vrai qu'il y fit la connaissance d'un loup apprivoisé : C'était sans doute un loup de la Hunaudaye, mais l'histoire ne le dit point.

« Plancoët (diocèse de Saint-Brieuc), à trois lieues de Dinan, quatre de Lamballe, et deux de la Hunaudaye, *siège de juridiction considérable*, est une petite ville très longue, coupée par la rivière d'Arguenon, et dont partie est dans la paroisse de Corseul (évêché de Saint-Malo), terminée de ce côté par la maison des Jacobins de Nazareth, fondée en 1618 par la dame de la Hunaudaye.

« Cette ville, qui ne paraît pas avoir été close, avait un château pour défendre le passage de la rivière. Il y a environ trente-cinq ans (2) qu'il y

1 et 2. Notes précitées de 1785.

paraissait encore une tour carrée dont on ne voit plus rien. On y laboure à présent.

« Le grand *Chemin ferré* prolongeait cette ville d'un bout à l'autre, sans qu'il y paraisse rien aujourd'hui, si ce n'est devant le couvent de Nazareth où il reparaît dans toute sa solidité.

« La terre de Plancoët est considérable par ses *recouvrances*. Il y a un peu plus de deux cents ans (1) qu'elle fut annexée à la Hunaudaye, en même temps que Montafilant (2) ».

Le cahier des *Devoirs* de la Châtellenie de Plancoët comprenait le « *Devoir de Quillage et de Bienvenuë* », des navires et bateaux descendant la rivière de Plancoët, depuis le port jusqu'à la *Cormoranière*, au-dessous du gué de la *Nouelle*.

Ce droit consistait en une somme de « cinq sols par chascun navire ou bateau entrant en rivière, et quatre deniers par chascun tonneau, chargé ou déchargé à Plancoët, de blé, vin, cidre, etc. (3) ».

Il ne faut pas non plus oublier les « *Aventures de mer* ». Si un navire faisait naufrage, l'*aventure* tournait au profit du seigneur de Plancoët: « tous bris et aventures de mer, soit de navires,

1, 2 et 3. Notes précitées de 1785.

espaves et aultres choses qui eschoueront le long des paroisses de Pluduno et de Saint-Lormel (1) ».

On comprend que le comte de Rieux, le sire de ces parages, ne fût pas intéressé à entretenir les engins de sauvetage, le long de l'embouchure *productive* de la rivière.

Le châtelain de Plancoët se réservait au surplus les poissons « diets Royaulx » appréhendés en ses « pescheries » (2).

Ce fut sur les bords de l'Arguenon (3), où les Anglais attendaient que la marée baissât pour la traverser à gué, que s'embusqua l'héroïque Rioust des Villaudrens, à la tête des paysans de ses terres et de quelques voisins accourus à son

1 et 2. Notes pour parvenir à la vente des fiefs de la maison de Rieux, 1785.

3. L'Arguenon, si l'on remonte vers sa source, arrose la commune de Plédéliac dont dépendent les ruines de la Hunaudaye et son chef-lieu de canton, Jugon, place si forte jadis que l'on disait : « Bretagne sans Jugon, moine sans chaperon ». Son château, démoli en 1616, avait été successivement pris et repris par les partisans de Montfort et de Charles de Blois. Les Ligueurs en avaient ensuite fait un rempart important contre l'armée royale.

Le clocher pyramidal de l'église est du xii° siècle. Enfin (à visiter), l'étang de Jugon est un véritable lac, tant ses proportions sont grandioses. (17 kilomètres de Lamballe).

aide. Faisant le coup de feu avec eux, il arrêta la marche de l'ennemi, qui se croyait attaqué par des forces sérieuses. Grâce à ce retard, les troupes du duc d'Aiguillon arrivèrent à temps pour vaincre à Saint-Cast (11 septembre 1758).

Les habitants des paroisses sujettes au « Guet maritime », c'est-à-dire situées à moins de deux lieues du rivage, étaient tenus, s'il y avait guerre ou crainte de corsaires, de s'équiper et armer à leurs frais. Et M. de Lande de Calan, en nous donnant ce renseignement (1), le complète en nous apprenant que le service de garde-côtes s'étendait aux *signaux* de falaises, *fumée* le jour, *feu* la nuit.

Ce que nous supposions, dès nos premières pages, avoir été un télégraphe à triple foyer (la triple enceinte de la Ville Pichard, découverte par M. le Conseiller Fornier); ces enceintes au-raient-elles ou non servi à des habitations gau-loises ou simplement à des signaux lumineux : aucune de ces hypothèses n'est inconciliable avec leur utilisation possible comme foyers, par les garde-côtes.

1. *Défense des Côtes de Bretagne aux XVIᵉ et XVIIᵉ siècles.* — Lafolye, Vannes, 1892.

Ce qui, par exemple, n'est point une hypo-
thèse, c'est le séjour prolongé des Romains
jusqu'à notre époque, aux environs de *Reghinœa*,
à preuve certaine inscription de deux vers latins
de fraîche date sur les rochers de la *Corniche*,
une délicieuse création de M. Cotard.

CHAPITRE XII

———•———

I

De Pléneuf à Fréhel.

Nous n'avons guère parlé de Pléneuf, et pour cause, ce bourg n'ayant pour ainsi dire d'autre histoire que celle du Vaucler et du Guémadeuc. En sa « Villégiature » (1), M. Lucien Descaves lui a fait l'honneur d'une de ses esquisses. Il est vrai qu'il n'a pas marqué de son crayon léger ce groupe de « *taupinières* » dont l'habitation principale « *taupinière moyenne* » ne se distingue des autres que par son cadre vermoulu d'affiches matrimoniales (la mairie), et dont l'église neuve, « *sans* style », est pourtant l'unique monument.

1. Revue hebdomadaire, juin 1893.— Plon et Nourrit, Paris

Il ne fait pas même grâce à certain château mo-
derne, « construction *imbécile* » que nous avons
cherché en vain sur la route de Pléneuf au
Val-André.

Et quel bruit dans ce Conseil municipal, suivant M. Descaves! Mais chut!!! Il s'agit peut-
être de notre plage : si l'on n'est pas muet là
haut, ici l'on n'est pas sourd, et les échos mal-
veillants se contenteraient, pour nous parvenir,
d'une moindre sonorité.

. . . .

Que dire d'Erquy, la *Reghinœa* d'autrefois,
qui n'ait été redit, de ses carrières de granit
rose, aux nuances malheureusement trop déli-
cates puisqu'elles sont accessibles à la rouille,
de ses villas et surtout de la « Cité ». « On y voit
les fondements d'une grande enceinte, et sur le
bord de la mer, pour la contenir, une ancienne
chaussée qui résiste encore à ses efforts (1) ».

De nombreuses substructions, quantité de
pièces curiosolites et romaines trouvées de tous
côtés, aux alentours, attestent encore l'importance de l'ex-*Reghinœa*.

Erquy est un petit port : ses pêcheurs sont de
hardis marins.

1. Note de M. Minet de La Villepaye (1785).

Plus loin, vers Fréhel, Pléhérel va nous rappeler l'ancien pèlerinage des Lamballais, en mémoire de la peste qui désolait cette ville et qui cessa miraculeusement par suite de l'intercession de saint Sébastien dont les reliques étaient vénérées en cette église.

A ce propos, citons une délibération de la Communauté de Lamballe de 1632, en vertu de laquelle, « Le 2ᵐᵉ dimanche de mai, messieurs du Clergé et le général des Nobles bourgeois de la ville et des faubourgs se rendraient en procession, comme de tout temps immémorial est leur bonne coustume, à l'église et chapelle de Monsieur (1) saint Sébastien, en Pléhérel, où, selon les anciens usements, il seroit donné à dîner au Clergé, aux officiers et aux serviteurs des dites églises ».

Le coût du pèlerinage, voyage, louage de cheval et repas compris, était de cent sous.

1. Au Moyen-Age, saint Pierre fut même élevé au rang de Baron « Monseigneur le Baron saint Pierre » (Ruffelet. — *Annales*).

II

De Fréhel à l'embouchure de l'Arguenon.

I. — Le phare de Fréhel (1re classe) (1) d'une hauteur de 79 mètres a jusqu'à 25 milles de portée. Vue splendide vers Saint-Malo et les côtes Normandes, les îles Chausey et la baie de Saint-Brieuc. Si vous avez lu, parmi les œuvres charmantes de M. Paul Sebillot, les « *Contes des Paysans et des Pêcheurs* », vous connaissez déjà les « *Houles* » et leurs légendes. Les cavernes de *Crémus* et la *Teignouse*, avec les chambres des Fées qui les habitèrent ont grand renom entre toutes ces *Houles*.

II. — La baie de la Fresnaye et Port-à-la-Duc, à l'embouchure du Frémur.

III. — Le Fort de la Latte, jadis Roche Goyon, forteresse aujourd'hui déclassée, séparé de la

1. Fréhel, aux falaises ravagées par la mer, viendrait, selon l'abbé Derie, de *Fres* déchirement et *hel* grand : grand déchirement.

terre par un précipice, et bravant les flots avec ses murailles à pic sur un roc escarpé. Donjon et tours. Une statuette de saint Hubert que l'on y montre aurait la vertu d'attirer les chiens enragés et de rendre inutile, en les tuant instantanément, la découverte de M. Pasteur.

IV. — Saint-Cast et sa colonne (élevée en 1858) en souvenir du combat du 11 septembre 1758. Dans ce combat où les volontaires bretons se signalèrent, les troupes des garnisons voisines infligèrent des pertes sérieuses aux Anglais qui avaient débarqué sur ces côtes, espérant nous surprendre.

V. — Enfin, à l'embouchure de l'Arguenon, le château du Guildo, dont les ruines donnent l'idée d'un trapèze présentant au centre de sa façade les restes de deux tours cylindriques. C'est en ce château que fut arrêté par ordre de son frère, le duc François Ier, le malheureux Gilles de Bretagne (1446), qui, malgré les supplications de Pierre de Penthièvre et de sa vertueuse belle-sœur, Françoise d'Amboise, fut condamné à mourir de faim au château de la Hardouinaye où il fut ensuite enfermé. On l'étrangla, pour en finir plus vite, sa vie s'étant prolongée pour ainsi dire miraculeusement.

Les Tables chronologiques publiées par Dom Morice, à la suite de son Livre II, nous fournissent la raison de la brouille entre Gilles de Bretagne et ses frères. Mécontent des partages, il entretenait avec les Anglais des relations qui le firent accuser de trahir son pays.

L'abbaye de Saint-Jacut qui n'était qu'à peu de distance du château du Guildo, avait été sous la Reine Claude (fille d'Anne et de Louis XII) l'objet d'une réclamation au Saint-Siège. Le Pape ayant donné pour abbé à Saint-Jacut le cardinal de Sainte-Marie *in porticu*, la Reine-Duchesse fit valoir les griefs de sa Bretagne et le Saint-Père, y faisant droit, nomma Jean des Cognets à la place du cardinal (1516) (1).

En 1646, l'un de ses successeurs obtint du Parlement, qui s'était opposé à l'introduction à Saint-Jacut des Bénédictins anglais, l'autorisation de les remplacer par des Bénédictins de Saint-Maur.

Quant aux Moines de Saint-Aubin, leurs voisins, ils appartenaient à l'ordre de Cîteaux.

Ajoutons que les côtes à partir de l'embouchure de l'Arguenon jusqu'à Fréhel apparte-

1. Dom Morice. — *Histoire de Bretagne*, tome II, page 248. « Titres de Saint-Jacut ».

naient toutes ou presque toutes à la juridiction
de Matignon. Saint-Cast et la Garde-Saint-Cast
dépendaient, à la fin du siècle dernier, de la
maison de Gouyon-Beaucorps, et le marquis de
la Rivière en fut alors le seigneur, du chef de
la marquise, née de Gouyon (1).

1. Dossier Héliguen,

CONCLUSION

———x———

Les Juges seigneuriaux et leur inamovibilité.

Pour achever le tour de la Baronnie de la Hunaudaye, reprenons avec l'honorable M. Minet la nomenclature sommaire des fiefs dont il s'agissait, en 1781, d'opérer la vente au profit du comte de Rieux.

C'était d'abord Montafilant et Corseul avec la châtellenie de Plancoët et sa justice ; puis venaient le Chemin-Chaussé, sa foire et sa juridiction comprenant Saint-Alban, Planguenoual et Pléneuf, entre autres paroisses riveraines.

Le château de la Hunaudaye et ses fiefs secondaires : Pléven et Plédéliac.

C'était enfin la suzeraineté sur Saint-Lormel, Pluduno, Saint-Potan, Quévert, Bourseul, Saint-

Méloir, Plélan, Saint-Michel-de-Plélan, Plorecq et Lescouët, Hénan et Ruca.

Montbran, « ancienne ville avec tour et forteresse, en la paroisse de Pléboule, et les restes de son église, *s'il y en avait encore* (1) », dépendait de la châtellenie de Plancoët.

On le voit, en 1781, la baronnie avait, féodalement et géographiquement, la même importance qu'en 1502, au temps d'Alain Héliguen.

Dans le projet de vente de Montbran, de sa foire et de son baillage, le comte de Rieux se préoccupe non seulement de ce que cela peut lui rapporter, « laquelle foire commençant le jour de la Sainte Croix, en septembre, et se continuant les jours suivants », mais il a vite passé sur les droits de « bouteillage de chacune pipe de vin, avec toute justice sur les allans et venans et trafiquans » pour songer aux « juges, procureurs fiscaux, notaires et autres officiers subalternes qui ont été pourvus de mandements et reçus jusqu'à ce jour ».

Et le seigneur vendeur tient à stipuler, avant contrat, que « les dits soient, à l'avenir comme par le passé, maintenus dans leurs charges jusqu'à leur mort ou désistement volontaire et dans

1. Projet de contrat de 1781.

la même manière d'exercer, et ce, en témoignage et recognoissance de la dignité et intégrité avec les quelles les uns et les autres ont rempli les devoirs de leurs charges (1) ».

Nous ne pouvions finir par un meilleur exemple du respect dû aux magistrats. Leur inamovibilité, garantie à la fois du justiciable et du juge, n'était pas alors un vain mot.

FIN

1. A nos archives.

ADDITIONS ET ERRATA

Page 7. — La note 2 se rapporte à *Mons Brenni* et non à *Plou novus*.

Pléneuf ne viendrait-il pas de *Plé* ou *Plou navium* — peuple de navires, de matelots?

Le vieux mot *nef* répond au latin *navis*, d'où *Plé nef* : Pléneuf.

Page 9. — La *Ville-Halle*. — V. Courcy, Nobiliaire. Tome 1, page 427, au nom Héliguen.

Page 10 — D'après Ruffelet (*Annales, subdélégation de Lamballe*), le lieu d'exercice des basses et moyennes justices du Hourmelin était Planguenoual ; celui du Guémadeuc, Pléneuf ; celui de Bienassis, Erquy.

Aux termes de l'article 38 de la Coutume de Bretagne, ces seigneurs connaissaient des contraventions et querelles de la foire. S'il y avait rixe sanglante, ou si les sujets capturés appartenaient à d'autres juridictions, ils n'avaient droit de les garder en prison que 24 heures. Passé ce délai, on les déférait à la juridiction supérieure (haute justice). — D'Argentré. *Coustumes de Bretagne.*

Page 18. — *Au lieu de :* il n'a pas toujours été, *lisez :* il n'en a pas.

Pages 30 et 31. — Le château de la Hunaudaye. — *Lisez : des* cheminées. Voici comment se présente, à première vue, ce château :

« Son plan est celui d'un pentagone assez régulier, flanqué de cinq tours, une à chaque angle. On n'y remarque ni ouvrage extérieur, ni double *bayle* (enceinte), ni donjon séparé du reste de la place. L'entrée principale, avec ses deux baies cintrées, l'une spacieuse pour les chevaux, l'autre étroite pour les gens de pied, s'ouvrait dans la courtine méridionale près de la tour occupant l'angle sud-ouest, etc. ».

Et M. de Courcy (*De Rennes à Brest,* p. 79. — Paris, Hachette) nous rappelle la date exacte (1378) du don fait à Pierre de Tournemine par Jeanne de Penthièvre, veuve de Charles de Blois, en récompense de sa fidélité, de ses hommes et *leneurs* en Pléven et Plédéliac « à foy, hommage et rachapt (1) ».

Page 59. — *Lisez : futurs* barons.

Page 63. — Compagnie *d'honneur.*

Page 71. — On retrouve de ces écussons sur le mur extérieur, côté midi.

Page 86. — *autant de fois* accepté.

Page 92. — La messe chantée était dite pour le repos de l'âme de la mère du donateur, enterrée dans cette chapelle fondée en 1337 par les Tournemine de la Hunaudaye.

———

1. Nous n'avons reproduit que la partie sommaire de la longue et très intéressante description du château, donnée en détail par M. de Courcy.

TABLE

Imp. Laveuve-Pony.